讀公立或私立，
[illegible]罷不定

유대인 교육의 오래된 비밀

從小學到大學，
猶太父母這樣選擇教育，
子女一生富足

任職於
韓國科學創意財團超過10年
本身也是父親的教育專家
金泰允——著
林育帆——譯

CONTENTS

第六章 右手懲罰孩子，左手擁抱孩子

推薦序

猶太智慧，為家庭帶來滿滿幸福

快樂教養學院創辦人／台灣鷹爸徐柏岳

猶太人的教養觀念，幫助了許多想突破亞洲教育制度之困境的父母，而我自己就是實質的受益者。

數年前，我曾舉家遷居以色列，孩子就讀耶路撒冷幼兒園及國小，所以我第一手見證了猶太教養的奧祕。返臺後，我延續了這份教養的智慧，培養孩子獨立思考的能力及負責的生活態度，他們兄弟倆很自然的就踏上世界頂尖軍校的舞臺。

本書作者為了讓孩子能夠健康快樂的成長與學習，他用心彙整出猶太教育的優勢，並深度反省現今教育的問題，一一列出許多觀念的差異與改善方法。

他所整理出的猶太教育精華，著實能幫助陷入教養困境中的父母，走出現有教育制度的框架，讓父母與孩子找到有效且合適的教養法。

「教育」與「教養」是不同的。教育要求的是本職學能（按：意指透過學習，增強對職涯與專業的體認、培育紀律），教養則是指培養愛與生活的責任。

許多亞洲父母誤以為教育成就即是教養成就，明明孩子為了拚好成績而苦不堪言，父母卻沾沾自喜。最後，孩子有了好學歷、好工作卻不快樂，從小到大親子關係也非常緊張，最終以悲劇收場。

「聰明」與「智慧」，也有著明顯的不同。在亞洲現行的教育體制下，我們培養出許多會讀書且自認聰明的孩子，但品格與情商卻明顯不足。

相反的，猶太教養致力於培育充滿愛與智慧的孩子。事實上，**聰明只會帶來競爭與傷害；智慧卻能為家庭與社會，帶來滿滿的幸福**。

這是一本讓我們反省過去教養觀念，並得到改變方向的書。要是父母的教養觀念能有所改變，從中產生的智慧，會立刻顯現在家庭氣氛上，接著，兒女也會逐漸產生自信。

在這其中，最大的受益者就是父母本人。父母必須先改變自己的教養觀念，孩子才有可能健康快樂的成長。

猶太教育非常清楚的界定了人與人、人與天的關係，因為他們知道，在孩子滿十二歲時，就必須將孩子還給上天。也就是說，孩子必須學會自己做出正確決定，自己對上天負責；於此同時，孩子可以恣意犯錯的特權也結束了。

這種教養的壓力，迫使父母必須用盡各式各樣的智慧，引導孩子明白生命的價值與生活的責任。人生，不是只有讀書、考試，和成績。

親愛的讀者，雖然過去我們一直跌倒，但是透過學習，就可以再站起來。讓我們手牽手一起快樂成長吧！我與本書作者都準備好了，那你呢？

前言

孩子開心、父母滿意的猶太教育

現今的韓國，以世上最快的速度發展著，並將韓戰後滿目瘡痍的國土轉變為「漢江奇蹟」（按：象徵韓戰之後，韓國經濟仍能迅速發展，成為亞洲四小龍的奇蹟），是為此感到驕傲的民族。

面臨亞洲金融風暴時，韓國民眾透過「獻金運動」（按：於一九九八年，韓國政府鼓勵國民將家中存放的黃金全部捐獻出來，把金飾熔成金條以援助國家；為期四個月的獻金運動，共募集價值二十一億美元的黃金）凝聚向心力，國家才得以克服危機。

然而，若仔細窺探目前的韓國，民眾們都說自己並不幸福。就經濟層面來看，生活明顯過得比以前寬裕，但不論男女老少都表示，在 Hell 朝鮮（按：韓國網路語言，與臺灣人稱呼臺灣為「鬼島」用意相同）的每個人，每天都過得非常辛苦。

父母將自己的青春奉獻給世上最長的工時，孩子也以世上最長的讀書時間為傲。明明是為了過得更幸福才付出努力，大家的生活卻變得越來越不幸，這樣自相矛盾的世界，便是現代社會的面貌。

我寫這本書的本意，是為了慢慢回顧我們在家庭與學校的面貌，而我的目的，當然是幫助我們寶貴的孩子找尋夢想。本書以猶太人的《塔木德》（*Talmud*）為基礎，認真探討家庭教育能如何擴展孩子的創意思維。

而這一切，都是為了培養出能帶動第四次工業革命（按：工業革命的第四個階段，為人工智慧、奈米科技等諸多新技術融合所帶動的數位革命）的未來人才。

總結本書可概括為三個部分：

一、我們的孩子皆為人才。這句話，是貫穿全書的核心內容。現今韓國教育以國文、英語、數學等主要科目的成績為中心，所以每個班級中，都只有一個第一名。然而，若想根據孩子們各自擁有的天賦來打分數，卻行不通，因為孩子們擁有各式各樣的才能。因此，雖然有些孩子在韓國教育體制下是個「魯蛇」，但若身處於不同的教育環境，或是稍微轉念思考，其實都有可能成為佼佼者。

二、猶太人的子女教育方式，能培養出世上最優秀的人才，而其關鍵就在於：家人之間懂得彼此尊重，並且無話不談。我們尤其能在猶太家庭或日常生活中，感受到他們深愛彼此的情感。透過不斷對話並尊重彼此的意見，同時也增廣見聞。

三、不僅止於教育問題，為了解決我們目前面臨的各種社會問題，我確信猶太人的教育哲學——特別是哈柏露塔（Havruta，在希伯來文中有同伴、夥伴之意，由兩個學生一組，共同研讀並分析、辯論、討論的學習方法）學習法，將會成為最好的解決方案。不論是兩代差距、兩性關係、成績造成的家庭糾紛、校園霸凌等社會問題，我認為猶太人的哈柏露塔學習法都能解決。

其實，說來慚愧，身為一名國一生的父親，關於孩子的教育，我至今仍未有一個明確答案，依舊處於到處碰壁的「現在進行式」。韓國地狹人稠，在社會整體急速發展的情況下，與他人競爭、被大幅比較被視為理所當然的事。

雪上加霜的是，身為資訊強國，我們無時無刻在網路吸收過多資訊，因此難以保有自身的教育哲學觀。每天都有各種「TMI」（按：韓國流行語，Too Much Information 的縮寫，意指過於詳細、具體，卻不一定有用的資訊）及未經過濾的新聞，隨時誘惑著孩子。

事實上，我會寫這本書還有另一個原因，就是為了我的女兒。我過去一直無法好好適應學校的正規課程，一路走來跌跌撞撞。而現在，看著越來越像自己的女兒，我深怕她會重蹈覆轍，內心既焦急又不安。

一成不變的考試制度，以及只求一路往前衝、如賽馬般的學習方式，光想到這些就令人喘不過氣。因此，為了我的女兒和現今教育體制，我究竟能扮演何種角色？這個問題讓我傷透了腦筋。

後來，我開始研究許多家長們最憧憬的教育文化，也就是結合人性與知性的全人教育之首——猶太教育。在我從事教育相關工作的二十多年間，猶太人總是被譽為教育榜樣，並以培育創意人才為名。然而，我們卻沒有大量採用眾人如此推崇的猶太人教育體制。

為什麼呢？其實這就像是，明明知道全校第一名是怎麼讀書的，但真要仿效卻有其難度一樣。現有的猶太人相關書籍，都千篇一律的稱讚他們，卻不符合我們目前的教育現況。

為了將我們的孩子培育成第四次工業革命的未來人才，我努力尋找適用於實際生活的教養法。由於長期研究猶太人，我得以在猶太人的生活中，找到最值得我們學習的部分。其中最令人訝異的是，**猶太人認為家庭是孩子的第一所學校，而父母是孩子最棒的老師**。

他們不但敬重長輩，也尊重同輩。猶太人認為：**有一百名猶太人，就會有一百個答案**，不應該只追求一個解答。最重要的是，家庭教育是通往學校教育和社會教育的起點。

為了正在苦惱該如何是好的家長們，本書會分享寫實的故事，而這些故事將會成為父母的指南針，幫助這些父母以客觀的角度，思考教育的方向。儘管孩子受限於大學入學考試這樣的考試環境，但我們仍能從猶太人的生活中，找出孩子與父母都滿意的實用解決辦法。

亞洲國家的父母對子女教育抱有強烈的自負心，然而，談到對教育的熱情，猶太人也不容小覷。

從唯有世上最優秀的人才能獲頒的諾貝爾獎得獎者名單來看，猶太人僅占世界人口的〇．二％，卻有約三〇％的得主是猶太人；反之，每年到了揭曉諾貝爾獎的十月，韓國就像邊緣人一樣，難掩失望之情。

二十多年來，我不斷尋找能夠提升學生創意的方法。我以這些故事為基礎，比對猶太人相關研究及國內、外專家提出的教育概念，並揀選出其中的共同點。透過本書，我期盼父母找到開拓孩子思維的方法，並培育出許多兼具人性與知性的國際領袖。

在此要感謝編輯金子英在物質上與精神上給予我的幫助，讓這本不完美的書得以問世。另外，我也要向喪偶許久的母親，以及旅居歐美並欣然同意將寶貝女兒託付給我的岳父、岳母致謝。最後，我還要向在寫書期間，默默為我加油的愛妻與愛女詩賢表達謝意。

第一部

我們還要繼續這樣教孩子嗎？

第一章

讀公立或私立，父母搖擺不定

1 富養，孩子越來越痛苦

以下是一則新聞報導的內容。

位於麻浦大橋北端的首爾麻浦警察局龍江派出所，近日接獲通報，表示有民眾倚靠於大橋欄杆上啜泣。警方迅速出動後，發現一名身材健壯的高三男學生，頭低低的杵在那裡。

這名學生就讀位於江南地區的學校，他說自己為了未來志向的事，與父親起衝突，才會想不開。

「我想要讀體育，可是父親不同意。我已經高三了，他卻叫我從現在起好好念數學，讓我覺得心好累，數學我真的讀不來啊……。」

警察安撫學生後，這麼建議他：「你父親會這麼說肯定也有自己的原因，但如果雙方對於未來志向的想法不一致，你可以找班導師談一談。聽了導師說的話，說不定父親就會改變心意。」

數日後，學生寄信向該名警察致謝，並表示會先和班導師討論看看。

家長多半認為，子女不會因為父母反對自己想讀的科系，而走上絕路，這名學生的父親也是這麼想的。來到派出所接孩子回家的父親表示，想讀藝體能（按：韓國教育用語，藝術和體育的合稱）學系的話，要天賦異稟才行，可是自己的孩子好像不是這塊料，所以才會幫孩子另尋出路，他也相當為難。

警方說：「現在的孩子很少有兄弟姊妹，從小在衣食無缺的家庭中長大，遇到不順遂的事也較容易受到打擊。」

因升學問題想自殺的孩子，高達三五%

觀察大腦與家庭教育的關係後，你會發現，孩子感受到的壓力會造成負面情緒的累積，並在不知不覺之間，對父母反感。這種壓力不僅會引起不安、害怕、恐懼，也可能會演變為各種精神障礙的成因。

使孩子感受到壓力的因素，大致可分為兩種：第一個因素是孩子未與父母建立依附關係；第二個則是不符合孩子大腦發展的超前學習，使受到壓力的大腦累積負面情緒，隨後顯現在課業成績上，並使孩子出現發脾氣、頂嘴、說話大小聲、辱罵或胡亂打人等異常行為。這就是為什麼，**「兒童青少年精神科」這個三十多年前大家還很陌生的詞語，現在越來越普及**。

揠苗助長的超前教育，往往起於父母的貪念，而非孩子的需要。父母會這麼做，其中暗藏著「只要別人說好，就跟著仿效」的不安心理，別人家的小孩都這麼做了，我們家當然也要一樣，絕對不能落後別人。

然而，「這對孩子的教育有益」的想法，正是我們必須留意的部分，因為教育最終還是以人為對象。精神上的負擔、失敗所引起的挫折感、情緒發展的阻礙等因素，長期下來可能會導致孩子學習動機低落，因此，我們必須衡量那樣的學習方式是否適合我們的子女。

由於我們有可能養出一輩子對讀書抱持負面態度的孩子，因此在教育他們時，父母必須有明確的理由，並想清楚這些安排究竟是為了誰。請務必再三思索，這麼做的動機是否為父母的貪念及不安。

近年來，韓國醫生輩出，由於醫生過多，大家都因為病人不夠而過得很辛苦。不過，只有兒童精神科是例外，這裡可說是人滿為患。

對我們來說，這麼年輕就去精神科就診，並不是一件很普遍的事。可是，會有這麼多小孩去看兒童精神科，很可能是超前教育學習掀起的風潮帶來的副作用。

但是，許多帶孩子去兒童精神科就診的父母，卻不承認自己有問題，他們說是自己太愛孩子了，說自己在教育這方面有多麼用心，為了「富養」子女，再美味的食物也買給他們吃，再好的衣服也買給他們穿，自己吃不好、穿不好也無所謂。從某個角度來看，這簡直是恐怖情人會做的事，不過是父母單方面的溺愛罷了。

無論如何，合乎發展過程的教育才是最重要的。猶太人或某些歐洲國家的父母，可能會覺得亞洲國家的教育方式過當，如果堅持超前進度，孩子的大腦會因此崩壞，性格也會變得扭曲，並因而以各種方式向社會與父母抗議，例如：鬼吼鬼叫、排擠同學、揚言要自殺、離家出走、辱罵或毆打父母，以及沉迷遊戲。

許多十多歲的孩子，選擇自殺的原因為課業問題或交友關係。根據近期韓國統計廳發表的「自殺相關動機與因素」調查數據顯示，曾有過自殺衝動的十三歲至十九歲青少年中，學業成績和升學問題為最主要的原因，占了三五．七％。其次是經濟困難（一五％）、家庭糾紛（一四％）、孤獨（一三％）、被排擠（一一％）等（按：根據臺北市政府自殺防治中心的調查顯示，於二〇一九年，十五到二十四歲青少年的自殺主因為精神健康〔三六％〕、家庭關係〔三二％〕及被排擠和霸凌〔一〇％〕）。

韓國教育只看重在校排名，不看重人品，把分數看得比人格重要。將孩子們變成教育體制下的產物，同時銬上逼迫學生自殺的枷鎖。

近六年間，在國小、國中、高中裡，就有八百七十名學生自殺；光是最近一年內，就有一百五十多名孩子結束性命。除此之外，離開校園、在街上逗留的中輟生更是不計其數（按：全國自殺防治中心的資料顯示，二〇二〇年臺灣十四歲以下兒童，企圖自殺的人數將近兩千四百人，死亡人數為二十一人；十五至二十四歲年輕人的企圖自殺人數超過一萬人，死亡人數則將近兩百四十人）。

學校的教育雖然包含「修習學業」這件事，可是卻不包括「學習」，造成每年都有學生自殺。修習學業，是為了提升成績和名次，但學習，則是培育人才、培養人格的力量。

所謂的學習，是促使我們尊重生命的一股力量，而這股能駕馭心靈、並治癒自己的自我鍛鍊力，才能稱作學習。但遺憾的是，我們的教育體制並不包含學習這回事，而是要我們將考試時可能會出現的資訊背得滾瓜爛熟，再快速的寫到考卷上。教育變得只剩下修習學業的功能。

找最好的補習班和老師，卻讓孩子生病的現代教育

韓國作家趙廷來在長篇小說《野花也是花》中，揭露了韓國教育的現實面，他表示：「不論是誰，靈魂的九九％都是受高中畢業前接受的教育所影響，而向下扎根的。」

同時他也嚴厲的指出，由於缺乏培育人才的教育體制，導致青少年飽受成績、排擠、霸凌等問題折磨，這就是韓國教育的現實面。正是基於這些因素，韓國青少

年的自殺率才會高居世界第一。

以下是報紙上的一則新聞報導。投稿者表示，這是他從前輩那裡聽來的故事：

某天女兒跑來跟媽媽說：「有一個同學在學校被霸凌了，沒有人跟他說話。」女兒接著問，如果媽媽是當事人會怎麼做。後來，媽媽毫不猶豫的說：「那妳也別跟那個同學說話。」像這樣千叮嚀萬囑咐的告誡女兒。隔天，她的女兒就自殺了。

女兒親眼目睹自己的母親，在聽到這則霸凌事件時，那不理不睬的態度。儘管女兒沒有明說，但她感受到的傷痛與絕望有多深，可想而知。

那位母親又作何感想呢？渾然不知那就是女兒親身經歷的事，一句無心的話卻讓女兒就此喪命。往後一輩子，她都將活在充滿罪惡感與愧疚的悲痛之中。想到這裡，我就為她感到惋惜。

這是令人心痛的故事，但我們必須冷靜審視故事中這名母親的形象。故事中的母親，其實跟我們大同小異。「應該不會發生在我身上吧」、「我的孩子不可能是當事人」等自我中心的態度，皆有可能釀成這樣的悲劇。

如同生育問題一樣，少子化及乾脆不生小孩的風氣在社會中蔓延，因此，有時父母會過度關注獨生子女，甚至溺愛唯一的孩子。為了讓孩子的人生走向美好的康莊大道，父母會帶著孩子，去找最優秀的補習班和最頂尖的名師。

當然，這麼做本身並不構成任何問題。問題在於，在孩子修身養性的過程中，**老師只教導孩子如何成為贏家，卻沒有教他們如何關懷弱者、克服失敗**。在這個競爭激烈的社會，父母們十分清楚，任何人都有可能成為弱者或輸家。

然而，大家往往會想：「應該和我無關吧？」、「我的孩子與眾不同。」並忽略孩子也可能成為弱者或輸家的事實。可是，孩子隨時都有可能失敗。

因此，身為父母的我們必須了解一件事：孩子可能會突然對我們發出求救的訊號，此時，身邊小小的關心、暖心的一句話，就有可能將悲劇改寫為圓滿結局。

2 我們的學校和社會，從不鼓勵提問

以下為二〇一〇年，於首爾召開的G20（二十大工業國）閉幕新聞發布會現場，美國第四十四位總統歐巴馬（Barack Obama）與中國記者芮成鋼的訪談。

歐巴馬：韓國是非常優秀的主辦國，因此，我想將發問權交給韓國記者。有人要提問嗎？

（歐巴馬突然將發問權交給韓國媒體。是不是太令人措手不及了？現場一片靜默。）

歐巴馬：如果用韓語發問，可能會需要口譯，應該說，我絕對需要口譯。

（但就在此時——）

記　者：抱歉讓您失望了，我是中國記者，請問我能否代表亞洲發問呢？

（一名記者起身，但遺憾的是，他不是韓國記者。）

歐巴馬：為求公正，我剛剛是請韓國記者發問。

記　者：那麼，韓國記者是否願意由我代替他們發問呢？

（事情一發不可收拾，韓國記者到底在做什麼？）

歐巴馬：那要由韓國記者決定。有人要發問嗎？都沒有人要發問嗎？

（真是令人難堪，最後發問權轉交給中國記者。）

其實這種景象在國中、高中或大學教室裡十分常見，即使老師在前面認真的講課、提問，孩子的頭始終低低的，避免和老師對上眼。幾乎每間學校，都有學生不發問、或害怕及拒絕討論的情況。

不僅不太發問，對他人的眼光也容易感到不自在。

若要發問，不僅需要十足的勇氣，同時得先自我檢視一番。為什麼提問這麼困難呢？

學習是探索未知的事物，提問與回答則是培養自我思考力的方式。可是，不知道從何時開始，我們喪失了思辨與表達能力。

還在讀國小時，孩子一天會發問數十次，因為對他們來說，到處都是新奇、值得發問的事物。

「媽媽，這是什麼？」

「天空為什麼是藍色的？」

「媽媽，那叫什麼？」

「這個為什麼是這種形狀？」

年幼的孩子不僅好奇心旺盛，也充滿求知慾。遺憾的是，原本對世界充滿好奇的孩子，一升上高年級，便會喪失發問的能力。

不僅在學校是這樣，在家也是如此。一轉眼變成國中生後，就只知道乖乖聽老師的話、認真做筆記。以下為採訪一名韓國國中生的對話節錄：

採訪員：如果你心裡有疑問怎麼辦呢？

國中生：一開始不會有疑問，因為讀書的時候，老師只會要我們寫很難的題目、讓我們一直讀書，還有看影印的講義，所以根本不會有問題。不然就是隨便上上課，沒別的了。

採訪員：在學校有發生什麼事嗎？上課通常都聽到什麼內容呢？

國中生：你問我上課時間最常聽到什麼？看黑板～安靜一點～這個對你們有幫助，專心一點～振作點～不要再吵吵鬧鬧了～

提出問題時，我們的大腦才會開始運作，一味接受、不去思考、只知道找答案的教育方式，必定有其極限。再者，即便孩子答非所問，父母也要對他的想法給予肯定。

「你那什麼離譜的答案啊！」

「別亂說話，乖乖讀書吧！」

老一輩的這番話會阻礙孩子的創意與思考力。從古至今，改變這個世界的，許多都是異想天開的想法和荒唐無稽的念頭。

當我們提出「為什麼」這個最根本的疑問時，便會產生動力，因此，我們必須培養出懂得多元思考的孩子。

從幼兒園、國小、國中、高中乃至大學，將近二十年的時間內，學校教育一直都是由老師講課、學生負責聽課做筆記。

儘管標榜是實驗教育（按：一種跳脫傳統的教育體制，不斷大幅實驗與創新或開放教育（按：因應學生個別差異設計學習環境，激發學生主動探索、學習的動力），卻始終無法擺脫學生坐著聽課、老師授課的型態。

安靜的學生聽著老師講課，並在筆記本上做筆記；老師對學生的提問興趣缺缺，只顧著把備課內容告訴學生，這就是課堂上最典型的景象。

因此，孩子雖然養成了優秀的背誦能力，和找出正確答案的能力，這一切卻是為了進入好大學、大企業，和對於學習的好奇心或樂趣完全無關。學生們認為，只要不發問，就表示都懂了；但是對於猶太人和許多教育體制先進的國家而言，**不發**

問是非常愚蠢的行為。

孩子天生就非常好奇，他們討厭無趣的事物，總是渴望認識周遭的一切。要先擁有好奇心，才能累積知識。對孩子而言，認識未知事物的過程，就好比一場充滿歡樂的遊戲。

然而，我們的教育卻是先填塞知識，才要求孩子保有好奇心。因為順序顛倒，導致孩子們討厭讀書，覺得學習是一件痛苦的事。

簡單來說，猶太教育的特色，就是能讓孩童充滿自信。若以對教育的重視程度來排名，韓國肯定名列前茅，可是國際級人才卻相對稀少。

我們必須接受先進國家的提問式教育，因為**這個時代需要的，是提出問題的人，而非回答問題的人**。擁有獨特思維的孩子，才能在第四次工業革命時代成為領導者。

不論是家庭還是社會，都應該開始思考，該如何讓小孩保有國小一年級時，喊著「老師，我我我！」爭相發問的模樣，並仔細追究到底哪裡出了問題。不光是猶太人，先進國家為了讓孩子持續發問，也會想辦法刺激兒童的好奇心與求知慾，而且不會批判他們的問題。

為了不讓孩子的思維變得越來越狹隘，身為父母的我們，必須擔任子女的領航員，讓他們的提問源源不絕。

3 習慣聽從指示的孩子，中輟率最高

在韓國社會，流行著「四當五落」這句話，意指一天只睡四小時的人能考上理想學校，睡滿五小時的人則會落榜。

無論「四當五落」是不是真的，犧牲自己的睡眠時間、考上美國常春藤盟校的韓國留學生們中，每十人竟然就有四．四人中途輟學。四四％的新生中途輟學，這項統計數字令人震驚。

旅美韓僑金昇基（Samuel S. Kim）博士，在哥倫比亞大學發表的論文〈亞裔美籍移民一、二代的教育衝突〉（*First and Second Generation Conflict in Education of the Asian American Community*），分析在一九八五年到二〇〇七年之間，進入哈佛、耶魯、康乃爾、哥倫比亞和史丹佛等十四所頂尖大學就讀的一千四百名韓國學生。

其結果顯示，只有七百八十四名韓國學生畢業，相當於五六％，中輟率高達四四%。相較於中輟率一二．五%的猶太人、二一．五%的印度人、二五%的中國人，此數值可說是相當得高。

韓國採取填鴨式教育，以升學考試為目的，而這種教學方式往往使學生缺乏良好人格及創意思維。

換句話說，大家都埋頭於考試，卻鮮少思考接下來該如何認真學習，抑或是大學科系是否適合自己。

在美國大學裡，學生們會討論、提出方案並製作小組專題報告，對於只會坐在書桌前讀書的學生而言，肯定難以適應。尤其是在父母的逼迫下，而進入大學就讀的學生，他們尤其缺乏學習動機。

無法主動找到讀書的意義，然後一再徬徨迷惘，後果就是嚐到失敗的滋味，而這些人大部分都是父母或私人教師養出來的高材生。

常春藤盟校的中輟率之所以會這麼高，問題就出在讀書方法。十多年來，始終獨自一人在K書中心埋頭苦讀，且能在短時間內大量記憶的學生，在討論、辯論及小組專題報告等方面的能力往往有限。在人才濟濟的環境之中，他們只要稍微落後一些，差距立刻就會被拉大。

雖然我們並不清楚，只會將書背得滾瓜爛熟的學生是否學識淵博，但可以確定的是，他們明顯缺乏消化知識、將其變成自己看法的經驗。

在常春藤，比起背下書裡的內容並照著陳述，更重視作者是使用何種意圖寫下那本書的。

事實上，不論是書籍還是教科書上的知識，都是他人的想法，如果沒有自己的看法，那就無法討論。

同一時期，金博士也調查美國財經雜誌《財星》（*Fortune*）所選定的五百大企業中，韓國出身的高層幹部現況，結果令人跌破眼鏡：韓國人只占全體的〇・三%。

相較於此，猶太人占了四一・五%。美國留學生中，韓國人的比重名列前茅，但受到美國企業認可的成功企業家比例，卻少得可憐。

不管是大學還是研究所，要求的都是自我導向學習。一向熟悉私立教育及聽從他人指示的學生，一旦脫離父母和學校的讀書環境，便會失去念書的動力。

讀書不是短跑，而是馬拉松

韓國入學考試競爭十分激烈，導致學生的大腦容易過勞。人類要維持精神上的緊繃感是不容易的，若全力衝刺、中途毫不休息，勢必跑不了多久，而這正是高中時不斷往前衝的學生，上了大學後一蹶不振的原因。

我們必須將讀書這件事當成馬拉松，不僅要重視每個人、每項科目、每段時期的差異性，更要關懷孩子，讓他們能依自己的步調前進，不強人所難。

如果拿猶太學生跟韓國、新加坡、中國、越南等亞洲學生相比，不論是國際學業成就，還是奧林匹亞競賽成績，猶太學生的表現都比較差。可是，在大學或研究所裡，猶太學生的學業表現卻更加出色，大學畢業後的研究成果更是亮眼。

在科學與醫學領域中，沒有半個韓國籍的諾貝爾獎得主，但猶太人在該領域卻占了約三分之一的獎項，而這正是因為他們不追求超前學習，而將讀書視為一輩子的事。對猶太人而言，學習就是人生，同時也是陪伴自己一生的朋友，並非只是在學校做的事。

因此，如果一開始就全力衝刺，很容易半途而廢。**猶太人的文化裡，並不存在二手書店，因為他們認為，書籍是要留在身邊一輩子的重要資產**，也必須傳承給後代子孫。猶太人會先找到自己喜歡的事情，再自己主動學習。美國名校的課程中都包含了對話和辯論，這也是猶太人的大學學業表現特別好的原因。

思想不封閉，孩子才能融入社會

相較於普遍認為的教育方式，猶太教育較晚才會看到成效，因為猶太父母不會過度重視子女的成績。他們最重視孩子的個性，所以不會以當前的成績為由，逼迫或要求孩子讀書。

據說，在猶太人就讀的學校裡，沒有名次之分，也沒有成績單。相較於成績，他們著重於讓孩子理解學習的意義，並讓孩子對讀書這件事抱持興趣與自信。

與普遍父母擔心孩子輸在起跑點、一輩子追趕不上他人的想法相比，猶太人選擇配合孩子的成長階段，為他們的潛能設想並加以引導，讓孩子既能保有天性，又能按照自己的步調耐心學習，藉此提高成功的可能性。

為了培養出成績優秀的孩子，我們從孩子年幼時便強調讀書的重要性，忽略團體生活和人際關係。孩子往返學校、補習班和住家之間時，都只知道念書，卻不跟其他人溝通，這麼做也許成績表現亮眼，可是往往缺乏人性與社交能力。

這樣的孩子進入職場、展開社會生活後，不僅不會為別人著想、溝通能力差，也將導致自己無法熟練的處理重要事務。沒辦法發揮公司最重視的創意，只能被動完成老闆指派的工作，便難以坐上幹部的位子，最後甚至會被他人孤立。

缺乏社交能力的人，接納他人觀點的能力也很差，因此，**父母應該鼓勵孩子，隨時抱持著「我的主張也可能有錯」的開放性思維**。萬一最後發現是自己錯了，或對方比較正確，就必須做好心理準備，改變自己的觀點。隨時準備好與他人討論的人，也必須準備好被他人說服。

某位韓國知名大學經濟學系教授說，他高三時，數學成績相當好，但是去美國留學時，雖然起初他的成績最好，可是到了畢業前夕，他卻是墊底的那一個。

美國學生不像我們一樣，僅單純背誦公式，而是努力領悟公式的基本原理。只要理解了，不管將公式應用在何種題型上，都能輕鬆解題。相比之下，許多韓國學生只要一跳脫公式，就不會解題了。

我們要教導孩子的人生道理也是如此。為了文憑，只要求孩子提高在校成績，卻不告訴他們該如何面對瞬息萬變的世界，這就跟讀數學時，只會將公式背得滾瓜爛熟一樣。

人生不是九九乘法，而是複雜的數學問題，裡頭藏著各式各樣的變數。為了幫助孩子面臨未來艱辛險惡的人生，我們必須將眼光放遠，培養孩子終身學習的態度，這比任何事都來得重要。

第二章

猶太孩子只學兩件事：快樂、好學

1 一切都要歸功於《塔木德》教育

美國新聞雜誌《美國新聞與世界報導》（*U.S. News & World Report*）曾發行一則特別刊號，標題為「天才們的祕密——形塑二十世紀的三位偉人」。

而登上封面的三位偉人不是別人，正是物理學家阿爾伯特．愛因斯坦（Albert Einstein）、社會學家卡爾．馬克思（Karl Marx）和心理學家西格蒙德．佛洛伊德（Sigmund Freud）。

愛因斯坦提出空間、時間與重力相關的創新思維；馬克思是洞察資本主義，並以客觀角度分析的科學社會主義始祖；佛洛伊德是精神分析學的創始人，在研究人類自我意識如何發揮作用這一方面有極大貢獻。

在人類史上留下偉大足跡的人物，很湊巧的都是猶太人，此一事實令人嘖嘖稱奇。而更讓人震驚的是，猶太人的強大力量，並非過往的歷史，而是現在仍不斷持續著。

猶太人的影響力猶如一個巨大的網子，抓住了全世界，這些改變世界的猶太人包含：金融界的羅斯柴爾德家族（Rothschild）、石油大王約翰·戴維森·洛克斐勒（John D. Rockefeller）、投資大師喬治·索羅斯（George Soros）、曾任美國經濟顧問委員會主席的艾倫·葛林斯潘（Alan Greenspan）。

強調賣的不是咖啡，而是文化的星巴克總裁霍華·舒茲（Howard Schultz）、好時巧克力（Hershey's）創辦人密爾頓·赫爾希（Milton Hershey）、Dunkin' Donuts 創辦人威廉·羅森伯格（William Rosenberg）、哈根達斯（Häagen-Dazs）創辦人魯本·馬特斯（Reuben Mattus）、三一冰淇淋（Baskin-Robbins）創辦人艾文·羅彬斯（Irv Robbins）。

微軟（Microsoft）前執行長史蒂芬·巴爾默（Steve Ballmer）、甲骨文公司（Oracle）創辦人賴瑞·艾利森（Larry Ellison）、谷歌（Google）共同創辦人謝爾蓋·布林（Sergey Brin）與賴利·佩吉（Larry Page）。

美國第一位諾貝爾經濟學獎得主保羅·薩繆森（Paul Samuelson）、榮獲諾貝爾和平獎的美國外交官亨利・季辛吉（Henry Kissinger）、設立普利茲獎的約瑟夫・普立茲（Joseph Pulitzer）、誓言要訪問所有人的傳奇主持人賴瑞・金（Larry King）。

小提琴家艾薩克・斯特恩（Isaac Stern）、作曲家喬治・蓋希文（George Gershwin）、指揮家李奧納德・伯恩斯坦（Leonard Bernstein）、作家安德烈・紀德（André Gide）與馬賽爾・普魯斯特（Marcel Proust）、畫家馬克・夏卡爾（Marc Chagall）與巴勃羅・畢卡索（Pablo Picasso）、創立畢爾包古根漢美術館（按：位於西班牙，專門展出當代藝術作品的美術館）的所羅門・羅伯特・古根漢（Solomon R. Guggenheim）。

詩人海因里希・海涅（Heinrich Heine）、以《推銷員之死》（*Death of a Salesman*）聞名的劇作家亞瑟・米勒（Arthur Miller）、開拓好萊塢市場的喜劇演員查理・卓別林（Charlie Chaplin）、電影導演史蒂芬・史匹柏（Steven Spielberg）等人，橫跨政治、經濟、社會、言論、文化等領域。

訓練邏輯的第一個祕訣：想像力

截至二〇一九年，猶太人總人口估計為一千五百萬人，不到韓國人口的一半，數字相當小。其中，六百六十萬人居住於以色列，其餘的猶太人則散居於世界各地的大都市中。在人口比重上，僅是滄海一粟的猶太人，對整個世界卻有莫大的影響力。

猶太人約占美國人口的二%，收入則占了美國整體GDP的一五%左右。與眾不同的思維、足以牽動人心的說服力、躋身巔峰之列的信念，這一切，使猶太人在全球獨占鰲頭。

猶太人之所以如此優秀，原因在於他們從小便信仰抽象的概念——上帝。國際級記憶力大師艾朗・卡茲（Eran Katz）認為，**想像力是猶太人的成功祕訣**。

猶太人自古禁止偶像崇拜，僅信奉肉眼看不見的上帝，也就是說，他們相信沒有形體的抽象概念。而相信抽象事物的基礎，就是想像力。這樣的想像力看似難以達成，可是只要全心全意的幻想，便能做到。猶太人的成功祕訣，正是源自從未間斷的想像力。

再者，猶太人流傳下來的祖先故事遠比其他民族來得豐富。帶領猶太人逃出埃及的先知摩西、丟石頭擊垮巨人歌利亞的少年大衛、睡著時因頭髮被剪斷而失去力量的參孫、進入鯨魚體內後活著逃出來的約拿等，這些故事無窮無盡。猶太人為了將「學習猶如糖果般甜蜜」的認知灌輸給孩子，積極引用這些豐富的故事。

也許就是這個緣故，國際影壇上的猶太人特別多。電影是由豐富多彩的故事交織而成的，而攻占電影業聖地好萊塢的**猶太人，他們最擅長講故事**。

另外，猶太人的社群網路也功不可沒。通常，合作與聯繫是藝術家們最不擅長的部分，因為藝術家個性鮮明、自尊心強，容易感到格格不入。然而，猶太人在電影這個綜合藝術領域中，充分發揮團體精神，不但會在各自的領域裡互相照應，同時也能完美履行自己的任務。

對韓國人而言，猶太人是令人羨慕的民族：不僅榮獲最多諾貝爾獎，愛國心也很強烈，能為了戰爭中的祖國，放棄自己安穩的生活，自願回到以色列參軍；同時，猶太人是堅忍不拔的民族，流浪了兩千年，後來終於回到祖先的土地上，將貧瘠沙漠化作肥沃的土地。

現今，猶太人是主宰全球經濟與思想的民族。不過，最重要也最不容忽視的，就是他們對教育的熱情。

猶太父母認為「發問」是子女教育最重要的一環，所以他們經常向孩子提問，而孩子也會為了找出答案，不斷思考。他們為了回應父母的觀點，會認真尋找合乎邏輯的方案。在這樣的過程中，思維有了成長的空間，智慧也跟著增長。

這麼做，並不是為了幫孩子找出正確答案，而是為了孩子提出更多問題，而這也是最適合孩子的教育環境。

對猶太人而言，批判對錯沒有太大的意義，因為他們的目的不是要找到正確答案。從小無法自由陳述自己想法的孩子，即使長大成人，也無法運用邏輯好好表達。

然而，猶太小孩與眾不同，他們不但從小閱讀《塔木德》，從中學習生活規範，在日常生活中也能自在的與父母對話，養成表達自己想法的習慣。由於他們的意見總是受到家人的尊重，所以他們並不害怕提出自己的看法。

以色列的自然資源不足，所以他們選擇投資於培育優秀的人力資源。他們認為，重視傳統與人才的價值，並以有別於他人的方式尋找新對策，這樣的創新思考方式十分重要。在這樣的基礎下，他們才培育出許多知名科學家和諾貝爾獎得主。

不過，在此有必要鄭重定義猶太人的真實身分。所謂的猶太人，基本上可分為兩大類：第一，當母親有猶太血統時，即使父親不是猶太人，子女依然可算是猶太人，演員哈里遜・福特（Harrison Ford）屬於這一類；第二，信奉猶太教即可被認定為猶太人。即使曾經信奉過其它宗教，只要後來改信猶太教，照樣可以被視為猶太人。伊莉莎白・泰勒（Elizabeth Taylor）和瑪麗蓮・夢露（Marilyn Monroe）屬於這一類。

如果跟演員葛妮絲・派特洛（Gwyneth Paltrow）一樣，只有父親是猶太人時，要被認定為猶太人有一個條件：他們必須信奉猶太教。假如有爭議，最終會交給猶太教神職人員——拉比（Rabbi）做最後審查。

總而言之，猶太人的真實身分取決於宗教，而非血統，這等於現今並沒有「擁有純正血統」的猶太民族。

猶太人在各界展現他們卓越的能力，尤其在金融、媒體、文化藝術和資訊科技（ＩＴ）等領域上，創下了佳績。而這一切都要歸功於《塔木德》的影響，促使他們的思考方式變得具有邏輯性。

猶太人的教育，著重於刺激孩子對知識的好奇心與想像力、培養創意。在這樣的影響下，我們能在猶太人稱霸的行業中，例如教授、醫師、律師、記者、金融業、電影製作人、導演、演員、作曲家、指揮家、畫家等，見識到他們出類拔萃的能力。

2 重視家庭教育，而非精英培育

在全球人口中，猶太人僅占〇．二%，可是，他們在諾貝爾獎得主中，竟占了二〇到三〇%的名額。

截至二〇一九年，以色列人口約為九百萬人，其中猶太人占了七四%，其餘猶太人則分散於世界各地，大部分居住於美國。全球被歸納為猶太人的人口，約有一千五百萬人，此數值不過是全球人口七十五億人中的〇．二%左右。

可是，在歷代的諾貝爾獎得主中，猶太人的得獎比例卻是人口占比的一百一十倍。從一九〇一年至今，總共有兩百一十位諾貝爾獎得主是猶太人，其中獲得生理學或醫學獎的有五十六人、物理學獎為五十九人、化學獎為三十六人、經濟學獎為三十四人、文學獎為十六人、和平獎為九人。

美國知名大學裡也有許多猶太教授和學生。美國名校的教授中，約有四〇%是猶太人；哈佛大學和賓州大學華頓商學院研究生中，約有三〇％是猶太人；常春藤盟校則有二五％的猶太研究生。也就是說，美國知名大學中的學生，不僅向猶太教授學習，還跟猶太學生交流，因此就算不是猶太人，也會對猶太文化感到熟悉。

猶太人所屬的國際企業占全球五百大企業管理階層的四一．五％，而全球八〇％的百大企業，更是將R＆D（Research & Development，研究發展）研究所設於以色列。包括羅斯柴爾德家族、摩根大通（JPMorgan Chase）、美國總市值最高的上市石油公司埃克森美孚（Exxon Mobil）、標準石油（Standard Oil）、花旗集團（CitiGroup）、殼牌集團（Royal Dutch Shell）等。這些以猶太資本為基礎的企業和集團，可說是掌握了全球金融界。

猶太人在教育領域具有莫大的影響力。常春藤盟校主要大學的猶太學生比例曾經超過四〇％，因此，美國教育部害怕猶太人會獨霸校園，遂採用ＳＡＴ（學術評量測驗）、配額制度及主觀性評鑑系統等方式招生。可是，即使在這樣的處理方式下，猶太學生的比例依然占了二〇到三〇％。此外，也有統計顯示，國高中教師當中約有一半是猶太人。

數千年來研讀猶太律法的猶太人，大量進入司法界。美國名門大學法學院在校生中，猶太人平均占三〇%。根據加州大學柏克萊分校的教授尤金・沃洛克（Eugene Volokh）之研究結果顯示，全美法學院教授中有二六%是猶太人。

一般而言，美國最高法院的大法官，九人中就有三人是猶太人，由於猶太人在司法界擁有巨大的影響力，因此甚至有「想要勝訴就聘請猶太律師」的說法。

媒體圈亦是如此，從某個角度來看，**從小藉由哈柏露塔提升邏輯能力的猶太人，能掌握輿論界也是理所當然的事**。

《紐約時報》（*The New York Times*）、《華盛頓郵報》（*The Washington Post*）、《華爾街日報》（*The Wall Street Journal*）、《新聞週刊》（*Newsweek*）等牽動美國傳媒界的新聞媒體公司，多半為猶太人所主導或創立。此外，記者及專欄作家則有三〇%以上是猶太人。

美國大型電視網NBC、ABC、CBS、CNN、FOX及英國的BBC，皆為猶太人所有或由猶太人主導，大部分的記者和主播也是猶太人。

許多知名通訊社，例如合眾國際社（UPI）、美聯社（AP）、法新社

（AFP）也為猶太人所有；全球三大通訊社之一的路透社（Reuters），亦是由猶太人保羅．路透（Paul Reuter）所創立。

憑著出色口才、強烈的好奇心及想像力，熟悉討論與辯論文化的猶太人，在各個電視臺發揮著重大的影響力。

全球上映的電影中，好萊塢電影約占了八五%，而好萊塢能有今日的地位，也得歸功於猶太人。在一九三〇年代以前，壟斷電影市場的電影公司，全都為猶太人所有。好萊塢導演、編劇、製作人等電影業人士中，有六〇%以上是猶太人。

派拉蒙影業（Paramount Pictures）、米高梅控股公司（MGM Holdings）、華納兄弟（Warner Bros.）、環球影業（Universal Pictures）、二十世紀影業（20th Century Studios）、哥倫比亞影業（Columbia Pictures）及華特迪士尼影業集團（Walt Disney Studios），是美國七大主要電影公司。其中，除了華特迪士尼影業集團之外，其它六間電影公司皆為猶太人所創立。至今，猶太人仍在好萊塢擁有舉足輕重的影響力，因此，如果跟猶太人沒有關係或緣分，是很難成功的。

不只是電影界，美國喜劇演員中，有八〇%是猶太人。《塔木德》中到處藏著詼諧幽默的內容，而猶太人的幽默感便以《塔木德》為根基，不僅充滿聰明才智，同時也富有克服民族逆境與困難的力量。

有幽默感的人具備靈活的思考能力，且富有創意。**猶太人認為，只知道埋頭苦讀的人難以成大器，因為做事勤奮卻過於拘謹的人，難以適應這個社會。**幽默感猶如猜謎語，需要聯想力、爆發力及靈活的頭腦，而靠幽默感吃飯的喜劇演員中，之所以有這麼多猶太人，正是因為他們身處在這樣的環境之中。

不論在美國的政治、經濟、社會、文化等各領域，猶太人的影響力可說是無所不在。這樣的情況在俄羅斯也大同小異，不到俄羅斯人口一％的一百五十萬名猶太裔俄羅斯人，於蘇聯解體後，亦開始帶動政治、經濟、媒體及學術界。

猶太人如此非凡的成功祕訣究竟從何而來？難道他們有較優良的基因嗎？答案並非如此。根據過去芬蘭赫爾辛基大學調查全球一百八十五個國家人民ＩＱ的結果，以色列國民的平均ＩＱ是九十五（第二十六名），比韓國（一百零六，第二名）和美國（九十八，第一九名）來得低。

矽谷的猶太國際律師安德魯．蘇特（Andrew J. Sutter），在收錄猶太人成功法則的《猶太人的頭腦之中》（*The Way of Brain Success*）裡指出：若將猶太人的成功，視作遺傳或生物學上的特性，只不過是一種幻想罷了。

既然如此，猶太人成功的真正祕訣到底是什麼？答案，就是教育。猶太人如此出類拔萃，原因在於他們獨一無二的教育方式。雖然說是獨一無二，但其實多半是眾人皆知的平凡內容。在專業知識與人文素養之間取得平衡，是猶太教育的核心，也就是我們常說的全人教育。

對最會拿獎的猶太人而言，諾貝爾獎得主是二流人物

雖然我們一直以來都對猶太教育很感興趣，市面上也有許多何和猶太人有關的書籍，可是我們依然停留在羨慕猶太人的階段。

不過，如果仔細觀察猶太人的社會，就會發現一些不同於常理的事。例如，雖然提到猶太人，就會聯想到諾貝爾獎，但實際上，猶太人不如我們所想的那麼重視諾貝爾獎。

舉例來說，位於美國紐約的葉史瓦大學（猶太教大學）內，掛在走廊上的肖像畫，清一色都是穿著以色列黑色傳統服飾、留著白色長鬍子的拉比，而不是猶太裔諾貝爾獎得主，或佛洛伊德、馬克思、愛因斯坦等改變世界的偉人，為什麼？

從知識水準的角度來看，正統派猶太人認為，相較於拉比，諾貝爾獎得主忽略了研讀《妥拉》（*Torah*，字面意思為指引、教導，為猶太教的核心）和《塔木德》的重要性。因此，他們將諾貝爾獎得主視為「二流人物」，換句話說，備受尊敬的拉比，才是擁有一流智慧、受眾人認可的人物。

在猶太人的報紙中，只會將當年諾貝爾獎得主的消息，刊登在不起眼的報紙版面下方，反之，當地猶太人的活動或近期的猶太節慶，才是重要的新聞報導。

總的來說，猶太學生不會將**諾貝爾獎或常春藤盟校**當成讀書的目的，那**只不過是**依照《妥拉》與《塔木德》的教誨生活，**附加而來的收獲**罷了。

相反的，韓國在數學及科學奧林匹亞競賽中，每年獲獎無數，卻遠遠達不到諾貝爾獎的學術性標準。

儘管以學校為首的眾多教育機構，皆採用號稱創新的猶太式教育計畫，試圖運用討論、創造力開發等做法，卻都徒勞無功。即使將精英齊聚一堂，傳授猶太式的教育模式，成效也大同小異。

猶太人的人生指標：慈善、安息日、潔食

事實上，過去三十到四十年來，韓國將國內最頂尖的人才聚集到首爾大學，並集中授課，至今卻尚未有諾貝爾獎得主誕生。

就算孩子年紀輕輕，便被送往英才教育院（按：為韓國在初期判別具有卓越才能或素質的小學生、國中生，幫助開發其優秀能力和潛力的教育機構）或集中於科學高中，從此展開住宿生活，並由最優秀的教授團隊指導孩子，至今仍然尚未傳來諾貝爾獎獲獎的消息。

若渴望像猶太人一樣得到學問上的成就，就必須立刻**擬定家庭教育方針，而非單純訂定精英訓練計畫**。

掌握猶太人人生整體性的條件，大致有三個：慈善（Tzedakah）、安息日

（Shabbat），及符合猶太教規的食物（Kosher，又稱為猶太教潔食）。簡單來說，猶太人每週都有一天安息日，能夠好好休息、充電，並與家人共度、享用健康的食物。他們在日常生活中實踐飲食、休息、慈善的真諦。

此外，相較於獲得諾貝爾獎、進入常春藤盟校等狹隘目標，該如何過日子，人生才能活得有意義、對世界有幫助，什麼才是活在世上的理由，這些都是猶太人會不斷和配偶及子女討論的問題。

諾貝爾獎象徵的亮眼成果，並非靠某個階段的集中式教育就能達成，而是從小在日常生活中實踐人生的價值，並每天懷抱充實過日子的態度，為了自己的長期目標默默邁進。在這樣的過程中，自然的造就亮眼成就，而不是透過競爭和贏過他人來得到更好的結果。

事實上，諾貝爾獎或常春藤盟校所代表的庸俗夢想，究竟是誰的？如果靜下心來仔細想想，就會發現那其實是身為父母的貪念。**當父母開始指望孩子完成自己的夢想時，對子女教育付出的關心，都將變為「毒害」**，讓孩子感到痛苦，而親子間的關係終將走向悲劇。

拉比梅爾（Meir）離家一陣子後終於歸來了，當他問孩子們在哪裡時，妻子告訴他，孩子在其它地方，並要他趕快吃飯。吃完飯後，梅爾又問了關於孩子的事，這時妻子反問他：

「幾天前，一位富翁將兩顆寶石交給我保管後就離開了，最近又找上門，並向我要回他的寶石。你覺得我該怎麼做呢？」

「那還用說？當然是還給他啊。」

「是的，你外出的這幾天，上帝把兩個孩子帶走了。」

拉比梅爾明白妻子的意思後，就再也不說了。

雖然源自《塔木德》裡的這則故事有些偏激，但卻能反映出猶太人看待子女的態度。猶太人認為子女是自己活在世上的理由，同時也是自己誕生在這片土地上的重要任務，不過，父母並不會認為自己是子女的主人，因為他們覺得自己只是暫時替上帝扶養子女罷了。

3 讀書不是為了有所成，而是體會幸福

韓國人和猶太人有許多共同點，相異點也不少。首先，共同點是普遍頭腦聰明、做事勤奮，而且對教育的熱情，皆於世界中名列前茅。兩個民族都經歷過戰爭的傷痛，遭受外來勢力的侵略與壓迫，但最後都克服困難、重新站起來，並達成經濟快速發展的成就。

不過，目前兩國都和鄰國處於戰爭一觸即發的狀態，國民也都有服兵役的義務。韓國藉由新鄉村運動造就了漢江奇蹟；以色列則透過基布茲體制（Kibbutz，一種以色列常見的集體社區體制，由社區平均供應三餐、水電等日常需求）達成經濟成長的基礎。

相較於此，兩國的不同之處是，韓國人特別在乎空間，所以非常熱愛土地與家。相反的，猶太人重視時間與機會，不太在意家園等周遭環境。另外，韓國人有

所謂的「快快文化」，一切皆要求快狠準，教育體制又追求第一；反之，猶太人鼓勵孩子發展各自的個性與獨創性。

簡單來說，**猶太學習法的目標，並不是將頂尖一％的資優生培育成人才，而是將所有的學生都培育為人才**。我們不斷的累積知識、學習技術、適應讀書方法時，猶太人在研究人類的本質。

猶太人認為讀書不是為了達成什麼目標，只要自己讀書時能感到幸福，世上其他想要的東西，自然就會隨之而來。

「由於學習的過程比成果更重要，因此，縱使天使降臨眼前，要教會我《妥拉》的所有內容，我依然會拒絕。」——《塔木德》

對猶太人而言，學習非常神聖，是祈禱和敬拜上帝的方式。如果不學習，就不算信仰，所以猶太教和學習形影不離。我們一般都是為了成功而讀書，而讀書的最終目的，無非是考上好學校、找到好工作，藉此滿足自己。

然而，猶太人的學習目標，是為了成為一名「Mensch」，而不是成為一名總統。Mensch 指一名值得受到尊敬的導師，不過，比起導師，它還帶有更深遠的意義。Mensch 也代表深愛上帝及左鄰右舍、美德與品格受人尊敬的人。

猶太人認為，能被身邊的人稱呼為 Mensch，是最崇高且尊貴的事。他們所謂的成功，不是擁有權力或豐饒的物質，而是你的品格能受到尊敬。假如你的品格無法受到尊敬，那麼無論多麼有權力、多麼富有，依舊不會被當作成功的人。

我們為什麼要讀書？如果不針對這個問題，立下明確的標準，讀書將變成一件很難熬的事。

學習不是為了我，而是為了「我們」

《塔木德》是這樣教導猶太人的：人類誕生之後，除了必須保護自己的生命之外，也要幫助他人。讀書不能只為了自己，也不能只為了他人，而是必須同時利己與利人。

當讀書不再只是為了自己，而是為了將正向影響力傳遞給他人時，不論怎麼讀都不會覺得累，反而會產生使命感，進而發揮更高的專注力。

為了學問而學習的人，
上帝會賜予學習的機會；
為了教導別人而學的人，
上帝會賜予學習和教導的機會；
認為某個道理很重要、希望在自己的生命中實踐而學習的人，
上帝會賜予學習、教導及實踐那個道理的機會。

看到這段文字便能得知，對猶太人來說，學習不是在社會上出人頭地的方法，而是人生的目標。透過終身學習這件事，猶太人在自己的領域中不斷努力進取，而這也是他們在學術領域中屹立不搖的原因。

我們總會開玩笑的說，如果為了讀書而少睡一小時的話，我的年薪、伴侶和住

宅坪數就會不一樣。不過，若讀書是為了自己的幸福，那麼，失敗與挫折就能夠摧毀幸福。這樣不但容易失去目標，也可能就此偏離正軌與放棄人生。

相反的，讀書並不是為了自己的幸福，而是為了「我們」或學習的快樂。這麼想的話，即使失敗或受到挫折，原本的目標依舊存在，而你也有了必須重新站起來的理由。這就是克服困難的原動力。

升學主義，簡直是浪費時間

在過去的工業化時代，有時會需要填鴨式教育。為了一份好工作，孩子必須先進入理想大學；若想提升大學入學考試的成績，就得精通英語和數學。不管孩子們的夢想是什麼，都必須耗費十幾年，牢牢記住一生中未必能用到幾次的知識，而老師也只會說「好好認真讀書」。

但問題是，以後這樣的教育方式再也行不通了。美國社會思想家艾文・托佛勒（Alvin Toffler）曾在二〇〇八年九月於首爾召開的亞太議會論壇上，強烈譴責以升學考試為主的韓國教育。

「許多韓國青少年每天在學校和補習班待上十五個小時，汲取未來根本派不上用場的知識，為了爭取壓根兒不存在的工作，簡直就是浪費時間。」在那之後又過了十多年，不過遺憾的是，韓國的教育現況並未有多大的改變。

二○一七年韓國僱傭情報院的研究結果顯示，韓國三百九十八間企業要求的工作能力中，有八四．七%的工作能被人工智慧（AI）取代、甚至更加優秀。這代表，**我們不再需要以背誦為主的教育方式所培育出的人才**。尤其是需要熟記的單純知識，現在只要使用隨手可得的智慧型手機，就能立刻搜尋到。

在這樣的變化之下，大學尤其受到影響。由於大學將無法跟上社會的教育需求，因此，未來學家托馬斯．弗雷（Thomas Frey）就曾預測：二○三○年時，全球有一半的大學將會消失。人們至今依然相信大學文憑是找到好工作的保障，並為此進入大學就讀，但現在那份信念已開始瓦解。

由於社會正慢慢的將重心從學歷轉移到實力上，因此即使出身於名門大學，待遇也大不如前。現在也開始出現高中畢業生比大學入學生多的現象，而許多大學也一步步邁向倒閉之路。

因此，像密涅瓦大學（Minerva School）一樣的全新型態大學正在迅速成長中，這一點是我們必須多加留意的部分。密涅瓦大學於二〇一四年創立，該校所有課程皆採用線上授課。雖然是新學校，但和常春藤盟校相比，想進入密涅瓦大學就讀更加困難。

我們處於第四次工業革命時代，人類截至目前所做的勞動工作中，絕大部分都能被人工智慧取代，因此我們不需要僅教授工具技術的教育方式。美國經濟學家傑瑞米・里夫金（Jeremy Rifkin）在《工作終結者》（*The End of Work*）一書中曾指出：「未來將走向幾乎沒有勞動者的世界，而人類必須將心力投注在富含創造力、機器做不來的工作上。」現在我們有必要重新思索這句話的涵義了。

猶太教育十律

一、教導孩子學習如蜂蜜般甜蜜。
二、教導孩子做人要與眾不同，而不是比他人出眾。
三、學習是一輩子的事，從小讓子女盡情玩耍。
四、能言善道，比安靜聆聽來得更重要。
五、缺乏智慧的人，在各方面都有不足之處。
六、教導孩子做事要動腦筋，而非馬上起身行動。
七、父母責罵孩子後，就寢時別忘了以愛相待。
八、對子女教育漠不關心的父母，等同於得罪上帝。
九、父親是子女的精神支柱，因此父親不能沒有休假。
十、要原諒傷害自己的人，但也別忘記自己受過的傷害。

出處：《猶太人成為全球頂尖人物的學習法》，張化榕著。

第二部

關於《塔木德》和哈柏露塔

第三章

家庭，
是孩子的第一所學校

1 和孩子一起訂立規則，父母也要遵守

在以色列，全家人會一起用餐。若孩子在用餐時間一邊嬉鬧、一邊跑來跑去，一會兒後才想吃飯的話，此時，父母早已將餐桌收拾乾淨，想吃也吃不到。

因為他們相當重視家庭規範，越早學習家庭規範，效果越好，因此，猶太父母通常從孩子三歲起，便開始教他們要如何遵守規則。

那麼，猶太人的家庭規範是什麼呢？其實那些都是相當基本的事項，連我們也十分清楚。

比方說，外出時先知會家人再出門、在約定時間內返家、看見鄰居先打招呼、房間自己打掃、用餐後將碗拿去水槽放、公共物品用完務必歸位等。

關於子女教育的祕訣，某位猶太母親說，她對待孩子時，一定會遵守以下兩個原則：

一、與孩子一起制定規則。

二、孩子違反規則時，絕不妥協。

不過，**猶太父母不會單方面制定規則**。不論要建立什麼規定，他們都會充分跟子女商量後再決定，絕不會盲目強求對方，而是經由討論使孩子明白訂下此規則的原因。

這樣的做法之所以行得通，是因為父母不會將孩子當作必須管教的對象，而是視為「同等的獨立個體」。

在訂定規則時，猶太父母會明確的告訴子女，違反規則時會產生什麼後果。這個後果最好與他們的利益有直接關係。

如此一來，孩子會清楚知道可能遭受的損失，進而變得更有責任感，並為了好好遵守規則而努力。

假如孩子只咬一兩口水果，就不吃了，這時猶太父母會這麼說：

假如我們家有一天變得一貧如洗，沒有食物可以吃，你覺得會怎麼樣呢？從現在起，就得養成省吃儉用的習慣。即使眼前有許多食物，也要知道「吃多少拿多少」的道理，而且要把拿回來的食物全部吃完。

猶太父母會有條不紊的說服孩子，並敘述跟狀況有密切關聯的故事給孩子聽。**當孩子犯錯時，他們會透過故事傳達觀念，給予孩子自我反省的機會**，藉此取代體罰。這麼做的話，不但能保護孩子的自尊，也能避免讓親子關係受到傷害。

開明又有權威，最有效的教育方式

美國西北大學經濟學教授馬蒂亞斯・多普克（Matthias Doepke）與耶魯大學國際發展教授法布里奇奧・齊利博蒂（Fabrizio Zilibotti），兩位子女教育大師的著作《金錢如何影響愛與教養？》（*Love, Money, and Parenting*）中，提到跟教育方式有關的研究結果。

兩人將父母教育子女的方式，分為專制權威型（Authoritarian）、開明權威型（Authoritative）、寬鬆放任型（Permissive）三大類，並研究哪種方式成效較佳，最後得出開明權威型父母最有效的結論。

有別於專制權威型父母，開明權威型父母不會強迫孩子無條件服從自己，也不會像寬鬆放任型父母那樣放任孩子。他們會透過勸說，讓孩子走在理想的道路上，而孩子也能接受父母的指引，相信那是對自己的未來最有利的做法，然後主動付諸行動。

國際學生能力評量計畫（PISA），能用來評估年滿十五歲之學生的閱讀、數學、科學能力，而兩位作者依此計畫所做出的分析結果顯示，接受開明權威型教育方式的孩童，成績最為優秀。被此類型父母教導的孩童，不僅大學畢業率較高，年薪也相對較多。

開明權威型的教育方式，效果不僅顯現在教育層面上，開明權威型父母所養育出的子女不但身體健康，也比較有自信，他們不易對毒品、菸酒上癮，而且發生性行為的年紀相對偏晚，也會採取避孕措施。

訂立規則，不只孩子要遵守，父母也要

現今的家長多半希望孩子能在自由的環境下成長，但自由如果沒有被妥善運用，往往會變成放縱。現代父母之所以會跟孩子起糾紛，大部分是因為沒有好好訂立規範。

教導孩子遵循規範其實不難，只要能確實區分出孩子是太活潑、還是在耍任性即可。然而，許多父母常常分辨不出兩者之間的差異，因而陷入混亂。對此，一名猶太教育家這麼比喻：

在一片廣闊的大草原上，羊群脫離不了圍欄，在裡面吃著青草、到處跑來跑去，這樣的模樣被視為精力旺盛，所以牧羊人不必干涉羊群的行動。不過，如果羊群跨越圍欄，那就等於在搗蛋、作亂了，勢必要好好制約牠們。

教孩子遵守規範時，父母要做的事情就是建立原則，並好好遵守那些原則。一

旦建立好規則，不論在什麼時間、場所和狀況，都要嚴格遵守。如果昨天和今天的規則不一樣、家裡和外面的規則不一樣，那麼，孩子會不知道該遵循哪些規定，進而感到不知所措。

如果孩子好好遵守規則，請給予他們自由。懂得遵守規矩的孩子，即使獲得更多自由，也會自發性的好好遵守規則。

這裡很重要的一點是，**不是只有孩子遵守就好，父母也必須遵守規則才行**。舉個例子來說，假如要求孩子飯菜要吃完、不能挑食，父母自己也必須說到做到；假如要求孩子要乖巧、有禮貌，父母也應該從自身做起，恭敬的對待長輩。

如果連父母都違反這些規定，不僅身為父母的威信就此掃地，同時也難以再樹立任何規範。許多父母認為孩子還小不懂事，過一段時間再教他們也不遲，這是非常不正確的觀念。

司馬光用種樹來比喻這樣的情況。他說：「樹還是小樹苗時不加以修剪，放任它隨意生長，等到樹長大後才想修剪，反而得耗費更多體力。」

兒童滿四歲後便懂得分辨對錯，從這個時候開始，父母必須恩威並施，建立教養的原則。孩子犯錯時，父母應藉由對話勸說孩子，並當下糾正他們。

孩子之所以年紀越大，行為越不端正，最大的問題是「恩」與「威」兩者的不平衡所致。身為父母，不論是誰都深深愛著自己的小孩，視他們為珍貴的寶物，不過，問題在於表達愛的方式。有些父母過於溺愛孩子，以致無法及時導正孩子的缺點，錯失良機。

父母是孩子的第一位老師，也是最後一位老師。父親是活歷史，同時也是人生的導師；母親是心靈的家園，同時也是嬰兒出生後的班導師。父親打造家園，母親安頓家庭。身為父母，千萬不能忘記一件事，那就是：父親為一家之主，母親為家庭的中心。

2 婚姻就像床單，怎麼鋪也鋪不平

如同深愛自己般，深愛著你的妻子，好好珍惜她。別弄哭她，因為上帝肯定會一顆一顆的數著她的眼淚。

只要夫妻真心相愛，再窄的床鋪也能同床共枕；如果彼此關係不和睦，即使躺在寬達十六公尺的大床上，也會覺得窄。

——《塔木德》格言

猶太人結婚時，新郎會書寫婚姻契約——科圖巴（ketubah），並於宣讀後交給妻子。這是一份婚姻誓約書，身為丈夫，應好好珍惜妻子，尊重且善待對方。

最特別的是，婚姻誓約書中不但寫有婚後丈夫應盡的義務（同居與扶養義務），同時也明確的標示出嫁妝、妻子婚前帶來的總財產，以及日後萬一離婚，丈夫應支付妻子的賠償費用。在猶太社會中，這份婚姻誓約書具有法律及宗教效力，它如同有價證券，借錢時也可以拿來當作抵押品。

原本應備受祝福的結婚典禮，猶太人卻設想到了離婚，甚至用金錢來衡量愛情，這或許會帶給人負面的觀感。

然而，在延續數千年的猶太歷史中，婚姻誓約書不僅有效阻止了一時衝動的離婚念頭，並要求兩人對家庭保持忠貞，同時也保障女性的財產權與經濟能力。因此，從現實層面來看，它一路扮演著守護家庭的角色。

此外，丈夫每週必須擁抱妻子三次以上；妻子不願意的情況下，如果丈夫單方面提出性行為的要求，可視之為強姦罪；毆打妻子者將受到嚴厲懲罰。妻子有權利向犯錯的丈夫提議離婚，並求償精神慰撫金。

猶太人的法律具體記載著丈夫應該多麼珍惜及深愛自己的妻子，光看內容可能會以為這是女權意識抬頭後所立的律法，不過令人驚訝的是，這是數千年前早已立下的古代律法。

猶太人的離婚率是全世界最低的，而原因就在於這個珍視妻子與女性的傳統觀念。對子女付出的關愛也是如此，猶太父母認為用愛對待孩子，並將他們培育成才，是對上帝應盡的義務，而和樂融融的家庭則是助長猶太人競爭力的首要條件。

《塔木德》中有句話是這麼說的：「在結婚典禮上演奏的音樂，其磅礴氣勢猶如軍樂隊一般。」

> 結婚典禮就好比兩位戰士遠赴戰場，從現在起，兩人會爭吵，也會因此負傷；上了年紀後，兩人會像傷兵一樣，彼此慰藉。
>
> 踏入婚姻的兩人就像前往戰場的戰士，這正是結婚典禮上的音樂，像軍樂隊般雄壯激昂的原因。
>
> ——猶太學者馬文．托卡雅（Marvin Tokayer）

猶太人相信男性如果沒有妻子，一生不但不會擁有幸福，也得不到上帝的祝福，更無法積善。假如沒結婚，就是沒有盡到人類應盡的義務。

不論是哪個國家，人們結婚時都有特殊的風俗習慣。**猶太人結婚時，新郎必須**

大聲宣讀這份婚姻誓約書，提到根據猶太律法的規定，丈夫必須守護、疼愛妻子，而且大部分財產應歸妻子所有。

最特殊的部分是，婚姻誓約書中明確指出，離婚後，丈夫必須支付妻子精神慰撫金，包含嫁妝在內。它甚至鉅細靡遺的記錄了女方帶來夫家的財產，及丈夫要付給妻子的精神慰撫金。

婚姻誓約書不但具有法律效力，未來需要借錢時，它也能作為擔保。數千年以來，婚姻誓約書不僅保護了妻子的權利，也守護了婚姻的威信，是象徵守護女性財產權與經濟能力的證物。

步入婚姻靠牽線，維持婚姻靠努力

《塔木德》中提到，一對理想男女結為連理，比摩西分紅海更驚為天人，這也意味著，人類所憧憬的幸福婚姻，遠比將海水一分為二還來得困難。

猶太諺語中，有句話說：「努力勝過奇蹟。」這句話的意思是，如果遇到理想對象並步入婚姻是一個奇蹟，那麼，夫妻一起努力成為彼此的理想對象，將會是一件更了不起的事，而這也是愛的真諦。

正如這句話所說，比起男女相遇、相戀之後結婚，對於透過人格上的契合、努力與意志力所成就的愛情，猶太人反而給予更高的評價。

猶太社會心理學家埃里希·弗羅姆（Erich Fromm）在《愛的藝術》（*The Art of Loving*）一書中說道：「遇見值得深愛的對象並與那個人結婚，是莫大的幸運，但愛上一個不得不愛的對象，才是偉大的事。」猶太人賦予家庭至高無上的價值，這正是他們擁有全球最低離婚率的原因。

相親是猶太人常見的結婚方式，通常由拉比替契合的男女牽線。牽線的媒人被視為執行上帝任務的偉大人物，因此備受尊敬。

我們普遍會選在假日結婚，但猶太人認為，**星期二是最適合結婚的好日子**，原因在於《聖經》（*Bible*）中提到，上帝創造世界的時候，特別在第三天說了兩次「好」。猶太人認為星期天是一週的開始，所以第三天就是星期二，而**晚上是一天的開始，因此猶太人大部分是在晚上舉辦結婚典禮**。

準新郎會在結婚典禮前夕的安息日朗讀《妥拉》，婚禮當天賓客會朝新郎扔堅果、糖果或葡萄乾等食物，扔堅果代表好事連連，扔糖果或葡萄乾則是祝福新人擁有美好的婚姻生活，子孫綿延不絕。

每天五分鐘，就能為另一半創造奇蹟

猶太人會在婚禮華蓋（chuppah，用四根支柱撐起一大片布料，象徵新婚夫婦未來將一起建造的家）下舉辦婚禮儀式，婚禮結束後，男方會進入猶太傳統教育機構——葉史瓦（Yeshiva）讀書一年，而這段期間的生活費與教育費等，一律由社區負擔，男方只要專心讀書就好。

這麼做是為了讓男方具備身為家長的素質、教養、信念與品性，輔佐他們成為一家之主。

婚姻生活就像怎麼鋪都鋪不平的床單一樣，

一邊鋪平了，另一邊就亂了。

這是作家艾倫・狄波頓（Alain de Botton）受訪時說過的話，意思就是別追求十全十美的婚姻生活。只要不是單身主義者，任誰都渴望擁有完美的婚姻生活，並希望雙方抱持著珍惜彼此的決心展開婚姻生活，直到死亡將兩人拆散為止。

不過，遺憾的是，從科學角度上來看，這份熱情的有效期限往往只有兩年，因為人類的腦部構造就是如此。美國密西根州立大學的心理學教授理查・盧卡斯（Richard Lucas）與其團隊，在一項歷時十五年、調查兩萬四千名德國人的研究中，也發現了這樣的結果。

因結婚而高漲的幸福感，會隨著時間流逝而慢慢減少，如同消氣的氣球一樣，兩年後便會回到原點。正因為如此，盧卡斯教授才會說，人們必須將婚姻初期的熱情，昇華為愛意、關心、溫柔等身為另一半應有的意識，這麼做，愛情才會持久。

夫妻之間常會說出傷害彼此的話語，有時甚至會說出再怎麼生氣，也絕對不能脫口而出的話，既不是讚美，也不是鼓勵，而是輕視與毀謗。厭倦對方囉嗦又嘮叨，不滿的情緒也隨之高漲，最後演變為漠不關心與缺乏溝通。原本應該密切互動的夫妻，漸漸變成仇人，這時人們就會考慮離婚。

雖然這麼說，卻不能像換床鋪或沙發那樣，說離婚就離婚。不過，毅然決然離婚的勇敢夫妻確實越來越多了。

如果說有三對新人準備要結婚，那就有一對夫妻正準備離婚，可說是達到世界標準的巔峰。尤其是滿五十五歲（以男性為標準）以上的「黃昏散」（按：韓國用語，意指結婚超過二十年的中老年夫婦之離婚），每年都有急遽增加的趨勢。

美國加州大學心理系教授索妮亞．柳波莫斯基（Sonja Lyubomirsky）的著作《練習，讓自己更快樂》（*The Myths of Happiness*）一書中，強調「五分鐘的奇蹟」，請讀者在起床後思考：「今天該說什麼話、做什麼事，好讓另一半感受到五分鐘的快樂呢？」

假如能將這樣的想法付諸行動，便能繼續維持結婚的幸福感。而這個祕訣並非遙不可及，暖心的一句話、深情的一抹微笑、溫柔的一個眼神、側耳傾聽對方說話、為對方搥背、擁抱對方、牽對方的手等，這些瑣碎的話語和動作，就是五分鐘的奇蹟。

一個人的到來
其實是一件大事
因為他是帶著
他的過去、現在與未來一起到來
是一個人一生的到來

——〈訪客〉，韓國詩人鄭玄宗

遇見另一個人時，你會同時遇見對方的過去、現在，以及未知的未來，也就是對方的一生。在這個世界上，每個人的人生都是珍貴的至寶。

3 樂觀心態，比考試更需要練習

《塔木德》中提到：「上帝賜福給開朗的人，樂觀的性格不但能照亮自己，同時也能照亮他人。」書裡也有這樣的一句話：「悲觀是一條狹窄的道路，樂觀是一條寬廣的道路。」

樂觀會吸引許多事物，但是悲觀卻會趕走它們；樂觀受個人意志影響，悲觀受個人情緒影響。一個人如果想著幸福的事，就會越來越幸福；如果想著悲傷的事，則會越來越難過。

猶太人早上起床會先唸簡短的禱告詞「Modeh Ani」，意指「謝謝上帝大發慈悲，是祢讓我的靈魂得以留存在世上。」先透過祈禱，感謝上帝賜予他們嶄新的一天後，猶太人才會展開新的一天。而這也是孩子從父母身上學到的第一段禱詞。

對孩子來說，他們最需要的就是氣氛歡樂的家庭。因此，每天早上子女要去上學時，猶太媽媽都會說：「一切都會順利的！」為即將開啟新的一天的孩子，帶來樂觀的正能量。

「人生的目標，不是飛黃騰達，而是幸福開心的度過每一天。」這是猶太人長久以來的智慧與教誨，如此正面的提醒，讓孩子得以正面思考。如果父母熱愛生命、態度樂觀，且擁有堅毅不拔的心志，孩子的情緒自然會跟著穩定下來，並且能以父母作為榜樣，身上漸漸出現父母的影子。

猶太人是歷經艱辛、一路披荊斬棘，最終存活下來的民族。在蜿蜒曲折的人生道路上，他們不是與死亡正面相對，就是為了逃避死亡而奔走，過著被迫害、孤立、輕視的一生。他們為了生存而活，而非為了生活而活。

這般艱辛與痛苦將猶太人鍛鍊得十分堅強，由於他們必須在絕望中存活下來，因此更加明白「希望」有多麼重要。

同樣的，他們知道何為悲傷，所以更能體會喜悅的價值；他們知道何為黑夜，所以更懂得感激太陽。猶太人這樣的思考方式，不僅影響了自己的孩子，同時也讓他們擁有戰勝考驗的堅強意志力。

父母心態樂觀，孩子自信上升

《塔木德》中有這樣一句話：

「上帝賜福給開朗的人，樂觀的性格不但能照亮自己，同時也能照亮他人。」

兩千多年來，猶太人長期活在痛苦與壓迫之中，因此，他們比任何人更理解，無憂無慮的度過一天，是多麼的值得感恩。

當父母熱愛生活、開朗樂觀又懂得關懷他人時，孩子的情緒也會相對變得穩定，並會受父母的氣質感染。將一家人凝聚在一起的不是經濟能力，而是父母的樂觀態度與愛。

所謂優秀父母，指的是能為孩子培養出健全人格的人。他們的孩子心態既樂觀又健康，能對社會做出許多貢獻，而且能設身處地為他人著想，並對他人的悲傷感同身受。

為了做到這一點，父母必須用正向的態度與關愛來養育子女，並親口向他們表達愛意。

愛的另一種表現方式是：貼心的為對方設想。意即接受孩子的想法，然後設法理解，必要時等待他們，並不忘關懷及鼓勵。

再者，在關愛中受到教育的孩子，會像一塊海綿，能不斷吸收新知。因此，**教育子女需要秉持一貫性，除了恩威並施之外，關愛與教育猶如硬幣的正反面一樣，兩者必須形影不離**。

倘若無法用愛來教育孩子，那麼，無論教育理念多麼優秀，成效仍舊不會好到哪裡去。

當孩子的內心充滿父母的愛時，孩子就越能認同、喜愛自己，自我價值感（self-worth）將會明顯提升。

建立起自我價值感的孩子，會擁有健康的心理狀態，並懂得善盡自己的本分，成為社會上的優秀人才。

怎麼排解負面情緒？將幸福當練習

猶太格言中有這樣一句話：

「對朋友露齒而笑的人，勝過遞牛奶給朋友的人。」

負面情緒不但會使人感到痛苦，同時也無法帶來正向改變。猶太人絕對不會被負面情緒影響，也不會因負面情緒而誤事或白費力氣。反之，他們選擇相信自己，並懷著「笑到最後，才是贏家」的心態，鼓勵自己與對方。

有句話說：「這世界上，樂觀的人總會贏得勝利。」這並不是因為樂觀主義者永遠正確、不出錯，而是因為他們保持著積極樂觀的態度。

脫口秀女王歐普拉・溫芙蕾（Oprah Winfrey）是美國人最尊敬的女性之一，她既是私生女、又曾未婚懷孕，度過飽受毒品與酒精折磨的青少年時期。這樣的歐普拉是怎麼成功的呢？

首爾大學心理系教授崔仁哲說：「她靠的是積極樂觀的心態。」歐普拉會將「感謝上帝，今天又讓我看見湛藍的天空」這種小事記錄在感恩日記上，藉此挺過難關。

崔教授的幸福論，從樂觀出發。他強調，學生的成績不過是數字罷了，不能當作界定幸福與不幸的標準。他認為，幸福並非只是情緒或心情的一部分，而是在賦予日常生活意義與目標的過程中產生。

然而，現在的青少年被入學考試與私立教育壓迫，根本沒有機會思考這些事情，往往只能自認倒楣，認為「這就是現實」。崔教授說：「我們需要超前學習的不是課業，而是跟生命與幸福有關的事，但我們的孩子卻無法接受這樣的教育，以致幸福感於全世界排名吊車尾。」同時他也說：「我深切感受到，像歐普拉一樣擁有正向思考力之教育的重要性。」

被譽為「幸福教育傳教士」的柳波莫斯基教授說：「憑藉樂觀、寬恕、行善這三大力量，青少年便能得到幸福。」此外她更強調：「幸福不是別人給你的，而要透過努力的好習慣來獲得。」身為一位研究幸福這個主題二十多年的心理學家，她透過各種研究，分析幸福的人擁有的特質。

她以住在加拿大溫哥華、小學四年級到六年級的十九個班級（四百一十五名學生）為對象，進行為期四週的實驗。她請十個班級的學生每週做三件善事，並將它們記錄在筆記本上，再請另外九個班級的學生寫下每週去過的三個場所。前者為A組，代表「友善行為組」，B組則僅記錄下自己的位置，作為對照組。

四週後，請所有學生「選擇一名想跟他一起活動的朋友」，結果A組中被選到的學生人數，是B組的兩倍之多。這代表，做越多善事就會吸引到越多朋友，也就是同儕接納度的加乘效應。

她說：「對他人伸出援手的想法越強烈、且領導能力越傑出，就越能提升情緒方面的幸福感。」並且指出：「這些人越是感到幸福，就更能提升業務執行能力（學業成就）。」

柳波莫斯基強調，最重要的是將幸福當作練習，並不斷延續。她說：「決定一名學生是否幸福，五〇%取決於遺傳，四〇%取決於個人是否有意付出努力，以得到幸福，剩下的一〇%則取決於外在環境。」她進一步說明：「雖然與生俱來的氣質或性格傾向，對幸福的影響力最大，但後天的努力能帶來的影響，也占了很大一部分。」

她表示，想要提升學生的幸福感，可以鼓勵學生實踐表達善意與感謝的行為，培養樂觀的思考方式，及養成寬恕他人的習慣，定期冥想或運動也是好辦法。柳波莫斯基特別強調這一點，那就是：幸福不會主動找上門，透過教育和學生自身的努力，才能獲得幸福。

4 猶太人餐桌，有食物、甜點和兩小時以上對話

某個安息日的下午，羅馬皇帝登門拜訪一位熟識的拉比。雖然皇帝沒有事先告知對方便突然到訪，但他仍在對方的家裡，度過十分愉快的時光。

桌上的佳餚十分美味，圍坐在餐桌旁的人們，一邊哼唱動聽歌曲、一邊談論《塔木德》中的故事。

皇帝甚是歡心，於是主動提出下週三會再次到訪的要求。

到了星期三，皇帝一抵達，人們早已做好皇帝大駕光臨的準備，不但拿出最好的器皿盛裝食物，上次安息日休息的僕人們，也接連端出美味的膳食；上週礙於廚師不在，只能端出冷菜招待，這週則端出了許多熱騰騰的料理。

儘管如此，皇帝卻如此說道：「還是上次吃的食物比較美味，安息日那天吃的料理中，放了什麼調味料？」

拉比回應：「即便是羅馬皇帝，也遍尋不著那種調味料的。」

皇帝自負的說：「不可能，沒有東西是羅馬皇帝弄不到手的。」

於是，拉比回答：「『猶太人的安息日』這項調味料，不管陛下再怎麼費心，都不可能取得的。」

不論是猶太人教育子女的理念，抑或是我們的傳統教育理念，即使成效再好，要實踐依舊有難度。在受到現代文明與極端消費文化支配的今日，想在生活中維持祭祀等傳統實屬不易，猶太社會也是如此。在猶太人之中，遵守傳統與法律的正統派猶太人比例其實未滿二〇%。

受到現代資本主義的影響，生活越來越便利，許多猶太人摒棄自己的傳統，逐漸世俗化。不過，少數的正統派猶太人仍嚴守著祖先的傳統，他們在固有傳統的基礎上教育子女，使整個猶太社會得以健全運作。

在一個傳統猶太人的生活中，不能缺少符合猶太教規的食物、安息日，以及慈善。這三項是判定猶太人是否虔誠的方式，換言之，**吃了什麼食物、如何休息、如**

何和他人分享自己擁有的東西，這些事決定了猶太人的生活。

到了安息日，可以在猶太人的餐桌上窺見履行以上原則的核心。因為每週都有以家庭為中心的安息日餐桌時光，所以，兩千年來，猶太人即使沒有自己的國家，也能守住自己的家庭與民族。一家人聚在餐桌旁，一起做禮拜、用餐、對孩子發問，藉此將自己的傳統與價值，傳承給下一個世代。

學會如何休息，是拉近家人關係的第一步

安息日從每週五太陽下山後開始，是專屬於猶太人的特別時光。每到星期五，猶太父親多半會急急忙忙的下班，並在回家路上採買用來點綴餐桌的鮮花。

安息日時，猶太人有許多不能做的事，包含父母的工作在內。除此之外，寫作業、安排學習計畫、和朋友約出來玩、搭乘汽車等，一律都被禁止。不論是電視還是電話，幾乎所有家裡的電子產品，都必須關閉電源。

有許多家庭甚至會卸下手錶，僅依靠日出、日落的時間作為作息依據。此外，

書寫或撕扯的動作也是被禁止的，甚至連洗手間的捲筒衛生紙也不能撕，因此必須在安息日之前，事先撕下來備用。

電燈關掉後就不能再打開，因此在晚上，猶太人會將家裡大部分的電燈打開，並將電源開關蓋起來，以免孩子誤關電燈。除了《妥拉》、《塔木德》和其他信仰相關書籍外，並不能閱讀世俗讀物。

《塔木德》中列舉出三十九項安息日時不能做的事，不過，若發生像戰爭這種會危及性命的事情時，仍會打破安息日的各項禁忌。

每週空出一餐的時間，實行餐桌教育

保障能陪伴孩子的時間，是猶太教育的核心所在，教育的一切，都是以此為出發點。為了保障這段時間，猶太父母會將安息日這天的行程完全清空，儘管他們喜歡凡事領先他人，但是為了自己與家人，他們會無條件的將這一天空下來。

在猶太人安息日的餐桌上，家人們會齊聚一堂，彼此稱讚、相互支持與鼓勵。

如果要責罵孩子，或有其它的話想說，就另外騰出時間溝通。通常晚餐時間會從感恩祈禱開始，感謝家人能相聚在一起，同時也謝謝上帝與他們同在。

父親會感謝妻子的付出，並給予孩子祝福，因此父親的座位被稱為祝福的座位；母親則會具體列出子女們擅長的事情，然後再鼓勵孩子。

以祝福、讚美與鼓勵揭開序幕的晚餐，既歡樂又愉快。對猶太人而言，在餐桌上用餐的時間，能使家人齊聚一堂、藉由對話增加共識、確認彼此間的關愛。

他們絕對不會在用餐途中談論敏感話題，或說些訓誡管教的話語，因為不造成家人的負擔是他們的原則。

他們經常對子女說正向積極的話，並避免負面消極的用詞。孩子說話時，他們會從頭聽到尾，不中途打斷。猶太人的餐桌，是子女從父母身上學習如何處事耐心、遵守禮節、待人恭敬、與人分享、自我節制、關懷他人的地方。他們沒有將用餐、家庭教育與做禮拜的地點個別分開，而是在同一個地點完成所有的事。

大導演史匹柏曾說過：「如果工作上的事情還沒談完，那乾脆邀請那名客戶到自己家裡吃晚餐。」由此可知，猶太人會設法維持與家人共進晚餐的習慣，他們總是將家人排在第一順位。谷歌創辦人佩吉說：「每到用餐時間，全家人就會展開激烈的討論，這使我必須不斷閱讀、思考及想像。」

哈佛大學教育研究院教授凱瑟琳．斯諾（Catherine Snow）的研究指出，年滿三歲的幼兒，**透過閱讀書籍所學到的語言通常有一百四十個左右，但卻可以從家人用餐時的對話中學到一千多個單字**。

我們難以在猶太人中看到吸菸者、酒精中毒者、破碎的家庭，或是離家出走的青少年，原因在於猶太人即使遭遇人生難題，也能透過安息日這天，獲得克服難題的力量。

餐後甜點，讓討論更加順利

在韓文中，家人的漢字表記為「食口」，直譯為一同用餐的人。餐桌不僅帶有吃一頓飯的目的，我們更將它當作學習禮儀的場所。

和祖父母、父母和兄弟姊妹用餐時，必須等最年長的長輩拿起筷子吃飯後，晚輩才能開動，所以除了溫飽肚子外，餐桌也是長輩們教育子女的場所。禮節和禮儀是維持團體秩序、讓人們關係更親密的必備教育項目。

可是有別於猶太人，我們用餐時間是閉口不談任何事的。但是，用餐期間越安靜，就越沒有辦法開啟對話，自然無法跟孩子拉近距離。

猶太人安息日的用餐時間基本上是三個小時。吃飯三十分鐘後，其餘的兩個半小時，一家人會彼此對話、互相討論與爭論。

不論聊什麼主題，父母都會用孩子的視角說明內容，然後再慢慢帶出討論的主題。正因如此，在安息日的餐桌上，猶太人可以討論任何主題。

所以，猶太家庭可以進行日常對話，並養成無論什麼問題，都能與父母商量的習慣，進而建立家人之間的關係。如果平時就經常發問，孩子的腦袋會越來越聰明，也是理所當然的。

另一方面，猶太人為了延長用餐的對話時間，他們自行研發餐後甜點，目前可說是掌握了世界甜點食品業。

口味各式各樣的三一冰淇淋、羅森柏格創立的 Dunkin' Donuts、馬特斯創立的哈根達斯冰淇淋、赫爾希創立的好時巧克力，以及全球咖啡加盟事業星巴克等，創辦人皆為猶太人。多虧了這般努力，猶太人在餐桌上的對話讓用餐時光變得更愉快，也讓餐桌儼然成為充滿活力的教室。

5 培養孩子有自尊，而非自尊心

家庭，是將子女塑造成獨立個體的終身學習場所，而孩子觀察父母的行為舉止後，會跟著學習、模仿。

如果看到父母彼此珍惜、相親相愛的模樣，子女便會仿效父母相愛的方式；相反的，如果看到父母中傷、忽視對方的模樣，孩子也會重蹈覆轍。

假如家庭氣氛不和睦，導致小孩缺乏家人的愛，那麼，他們的情緒多半無法健全發展，也有可能面臨人格障礙、行為障礙、憂鬱症、適應障礙等問題。因此，為了讓孩子知道父母真的很愛他們、認為他們很重要，父母務必經常擁抱子女。如此一來，他們便能感受到安定感。

孩子會在家庭中學習許多事物：在鼓勵中成長的兒童，學會對自己有自信；在尊重中成長的兒童，學會為人正直的方法。

父母的一句話，就能影響孩子的內心世界，透過暖心的話語，他們能形塑出正面的形象，也能培養、提升自信。**子女在家庭中學到什麼樣的價值觀，很快便會顯現在他們的學習態度上**。

就學前，家庭早已為孩子決定了重要的行為特徵。在學校，兒童透過形式與理論來學習；在家裡，則從生活面貌與行為來學習。在學校學習知識，在家則學習如何將所學知識運用在日常生活中，因此家庭教育更為重要。

猶太家庭嚴守諸多律法與宗教節日。倘若家庭不是一家人的中心所在，他們便無法遵守如此嚴格的生活規範，因此，這種規範也就塑成了家教的雛形。猶太孩子會仿效大人的行為，藉此學習並熟悉猶太人的思想與紀律。也就是說，猶太人的家庭，就是最好的生活教育場所。

人們因工作繁忙，導致身心俱疲時，往往會忽略家庭教育的重要性，但猶太父母總是嚴謹看待家庭教育的重要性，同時嚴守生活規範，因為他們深深相信，家庭會決定孩子們的習慣、品性、人格，甚至智商。

在家中就嚴守如此瑣碎的規範，正是猶太人能培育出優秀人才的核心要素。透過每日禱告、閱讀《妥拉》和《塔木德》、夫妻彼此尊重、與家人共餐，猶太父母以身作則，親自擔任孩子的榜樣。

猶太人不打架，他們愛說話爭辯

「我兒子已經看得懂國字了，我女兒的英語發音，簡直跟母語者沒有兩樣。」為了炫耀自己的孩子有多優秀，許多父母將小小年紀的孩子，送往各大補習班和全英語幼兒園。

「我兒子這次考上頂尖大學呢！」

像這樣四處誇耀的父母，其實不是在讚美子女，而是在誇獎撫養子女的自己。太過自誇是不可取的，這麼做往往證明，父母自己沒有樹立良好的價值觀。因為沒有明確的價值觀，所以才把孩子的成就，當作是自己值得驕傲的事。

大型公寓住宅、進口車、頂尖大學、名牌包包等，這些皆為愛面子的炫耀品，但卻極有可能突顯出自己內心的空洞。

追求的理想越遠大，中途就越不容易受到挫折。如果像韓國學生一樣，把進入頂尖大學、找到好工作當成目標，一旦目標達成後，往往會因為不知道未來要期望什麼，而感到空虛。

然而，猶太人在尋找的是能貢獻一己之力、讓世界變得更美好的方法。不僅如此，他們認為不論自己身在何處，上帝都在注視著他們，因此犯罪率相當低。

長期住在以色列的韓國僑胞們異口同聲的說，從沒看過猶太人毆打彼此、相互爭執的畫面。其實，猶太人並非完全不吵架，他們性格急躁，所以常常爭吵，不過，他們只會透過說話爭辯，幾乎不會使用暴力。據說只要有人打架，警方會立即出面，拘捕先動手的人。

教育孩子時，自尊是相當重要的要素。雖然自尊和「自尊心」都對自我肯定有所幫助，但是，**自尊心是與他人競爭後產生的情緒，如果失敗了，反而容易感到意志消沉**。

然而，**自尊，指的是自我尊重**，也就是接納自己原本的面貌，因此不會受到結果影響。如果希望培養孩子的自尊，父母必須抱持著尊重的心來行動。

孩子在人滿為患的場所無理取鬧時，低自尊的媽媽通常會說：「真是丟人現眼，我不是說過別在人多的地方哭鬧嗎？看我怎麼教訓你。」高自尊的媽媽則會站在孩子的角度思考，並說：「原來你這麼難過，媽媽沒有感受到，真是對不起。」為孩子設想的每一份心意，都凝聚在一塊後，便能提升孩子的自尊。不過，無論給予孩子再好的資源，都比不上和睦的家庭氛圍。因此，如果夫妻能真心相互尊重，成長中的孩子便會感到安心，並得到凡事都難不倒自己的力量。

6 每天都要說床邊故事

通常猶太人會為孩子朗讀十五到三十分鐘，一旦超過三十分鐘，孩子可能就會感到無聊。其實在一天當中，何時為孩子朗讀都沒關係，不過有規律性的在同一場所、同一時間，並用自然的聲音緩慢且準確的讀，這一點最重要。

在唸故事的過程中，如果孩子發問，即使是無厘頭的問題也別忽略，父母必須站在孩子的角度，好好回答問題。選書時，建議挑選媽媽和孩子都感到趣味十足的書，並留意故事是否符合孩子的喜好與成長階段。

跟孩子一同前往附近的兒童書店選書也是好辦法。兒童文學作家梅・福克斯（Mem Fox）在《閱讀魔法》（*Reading Magic*）一書中提到唸故事書的技巧，方法如下：

- 每天朗讀十五分鐘。
- 一天至少為孩子讀三篇故事。
- 唸故事時要生動、有朝氣。
- 在歡樂的氣氛下朗讀，並跟孩子一起放聲歡笑。
- 反覆說孩子喜歡的故事。
- 給孩子聽歌謠、童詩等語言相關書籍。
- 為孩子朗讀語句重複性高、帶有韻律的故事。
- 請記住，共讀時間不是念書時間，而是玩樂時間。
- 不強迫孩子閱讀。
- 父母要用愉快的心情，等待共讀時間的到來。

對父母而言，若放棄這段時間，就可以去解決其他雜事了。尤其當父母非常忙碌時，肯定更不想將時間浪費在讀故事上。因此，講床邊故事，需要父母的果斷力、意志力，以及對子女的關愛。而且，不論是孩子還是父母，雙方都有必要養成接觸床邊故事的習慣。

無論孩子有沒有遇到傷心的事，猶太父母都會關心孩子一整天下來碰到的事情，以便讓這一天畫下結束的句點。即使當天再怎麼嚴厲的教訓過孩子，孩子就寢時，他們依舊會溫柔的輕撫孩子，避免在幼小的心靈上留下親情的疙瘩。

他們也會朗讀出自《妥拉》或《塔木德》的故事、偉人傳或童話給孩子聽，尤其在讀偉人傳時，猶太父母一定會介紹為猶太人增添光彩的人物。

聽到偉人締造非凡成就的故事，同時又是自己感興趣的領域時，孩子的心中會萌生憧憬和羨慕，以及對偉人的欽佩，並內化成自己的夢想。換言之，透過聽到這些偉人故事，孩子能萌生效仿偉人的自信與勇氣。

聽床邊故事可以養成孩子在固定時間就寢的習慣。不過最重要的成效是，它對小孩的語言發展有極大幫助。學說話一段時間的孩子，因為接觸到許多書中出現的生字，以及生字組合而成的優美語句，因此詞彙能力和表達能力都會迅速發展。另外，孩子在聽故事時，會慢慢熟悉抽象概念，所以能逐漸體會各式各樣的情緒。

從大腦的運作方式中，也能看出床邊故事的重要性。人類的大腦中有海馬迴

（Hippocampus），海馬迴會在人類就寢期間整理需要儲存及清除的記憶。在睡眠時間最為活躍的海馬迴，會記得白天發生的狀況，並在睡眠時整理、累積那些記憶。

所以，資訊最容易在睡前被儲存。床邊故事之所以能長期留存於孩子的記憶中，也是因為這個原因。

而且，讓孩子在感受到父母關愛的同時進入夢鄉，也是與孩子建立依附關係的好辦法。如果孩子每次就寢時，都確實感受到父母的愛，那份確定感，會直接儲存在大腦中。這樣下來，孩子的情緒便能取得平衡，變得既正面又穩定。

讀歷史故事、科普書，探索孩子興趣

如果想讓子女成為學霸，就得儘早培養語言能力。只要孩子的詞彙量夠豐富，日後讀書時，自然就能融會貫通。歌德（Johann Wolfgang von Goethe）小時候經常聽父母說故事，他的父親帶他到戶外散步時，會說與歷史和地理有關的故事給他聽，有時甚至會親自寫歌，並唱給歌德聽。

歌德的母親從他兩歲起，便將說故事這件事，當作每天的例行事務。托這種教育方式的福，歌德才能擁有驚人的想像力，並為後代留下非凡的小說與喜劇作品。

真正的創意是自然流露出來的，不是刻意創作、過度加工的故事。人為介入的事物，創造不出新鮮感。相較於加工過的故事，真實故事（歷史故事）反而能帶給子女更大的感動，並鼓勵孩子身體力行。比起稍縱即逝的故事，請父母為孩子挑選能銘記在心、值得當作指導方針的優良實例。

最重要的是，**講床邊故事的時間，是探索子女對什麼事物感到好奇的過程**。讀科普書給孩子聽時，他的眼神是否閃閃發亮；讀歷史書籍時，孩子是否有興趣；放音樂給小孩聽時，他是否有反應；一起看繪本時，孩子是否被深深吸引……。

孩子感到好奇的領域，往往也是他的天賦所在。父母可以讓孩子深入體驗他們自己感到好奇的部分，協助孩子發掘自己的才能。

受到床邊故事的影響，據說猶太小孩四歲時，語言認知能力便是其他小孩的兩倍。一般的孩子只知道八百到九百個詞彙，猶太小孩卻知道超過一千五百個詞彙。

若去詢問就讀哈佛大學的猶太學生，猶太人能在世界上嶄露頭角的原因，最多人選擇的答案會是「跟父母對話與討論」。在猶太家庭中，一家人會互相提問、對話，再將話題進一步延伸到討論和辯論，此一教育方式被稱為哈柏露塔，是傳承兩千年的猶太傳統教育法。

床邊故事能為子女帶來情緒上的安定與幸福感，而且，除了能促進語言能力與想像力的發展之外，在建立穩定的依附關係上，也發揮極大的作用。

透過父母在床邊溫柔朗讀的語句，孩子能學習文字和語言。而從小接受這種教育方式的猶太人，在閱讀與寫作方面能展現極高素質，也就不足為奇了。

雖然就寢前的時間十分短暫，卻是對子女造成莫大影響的重要時光。如果那天孩子既害怕又悲傷，那麼，在睡前協助孩子整理當天的情緒，也是父母的責任。

7 猶太人最厲害的能力，互開玩笑

卓別林是世界級的猶太裔喜劇演員，他視歡笑為動力，在《大獨裁者》（*The Great Dictator*）中飾演嘲諷希特勒（Adolf Hitler）的角色，並以此聞名於世。

猶太人的幽默充滿智慧，他們身為弱勢民族，反將苦難昇華為歡笑。分散在世界各地、飽受打壓的猶太人，比任何民族都更懂得享受幽默，因此他們又被稱為「充滿歡笑的民族」。無論是朋友、師徒、親子之間，都能帶著幽默感相處。

教室裡如果充滿幽默風趣的氛圍，不僅能舒緩學生們的緊張心情，也能讓讀書讀到疲憊不堪的大腦，多出一點自由空間。無話不談的父母和子女，如果能在充滿幽默感的氣氛下相處，不僅能放鬆子女僵化的內心，也能為家裡營造溫馨的氛圍。

猶太人的幽默感，以《塔木德》為根基。這樣的幽默感，不僅代表了猶太人的機智與風趣，同時也是他們克服逆境與困難的原動力。無論是煩惱、悲傷、痛苦的時候，猶太人都能談笑風生，一路堅守自己民族的特質。

幽默感跟創新思維有密切的關係，所以越是有錢、地位越崇高的猶太人，就越看重幽默感。他們認為，幽默感是人類擁有的強大力量之一。

其實，要發揮幽默感，需要豐富的想像力與臨場機智。在短時間內讀取他人的感受和想法後，再丟出符合當下的一句話，使對方甘拜下風，這才是幽默感迷人的地方。因此，如果想發揮幽默感，聯想力、爆發力和靈活的頭腦，是不可或缺的。

靠幽默感維生的喜劇演員中，會有那麼多猶太人，正是因為這個原因。在美國，**有八〇%以上的喜劇演員是猶太人**。

幽默也能用來打破權威。在進行商業往來等交易活動時，幽默的力量，能立刻扭轉僵硬的氣氛。

猶太學者托卡雅曾說：「對於朝自己目標前進的人來說，笑容就好比汽車油門。在陌生又令人緊張的場合中，一句幽默風趣的話，不但能帶動氣氛，也能提高自己的價值與能力。」

因此，猶太人說：「如果遇到欠缺幽默感的人，自己的腦袋就得用磨刀石磨一磨了。」他們相信，幽默能將人的智力磨得更加鋒利，就如同將刀刃放在磨刀石上打磨一樣。

自嘲，是最有智慧的話語

只要有幾名猶太人聚在一起，他們就會拿日常生活中的瑣事來談天說笑。為了盡情享受對話，他們會不斷磨練自己的幽默感，再透過逗趣的幽默，與他人溝通、對話。

在飽受欺凌與折磨的苦難之中，猶太人沒有放棄希望，為了存活，他們盡情享受幽默的美好。對他們而言，所謂幽默，不是單純的開玩笑，而是從悲傷中昇華而來的智慧。

幽默的力量，足以戰勝生活所帶來的壓迫感。猶太人憑藉這股力量，挺過飽受欺壓的時日，同時也建立起團體的歸屬感，因此，幽默感對他們而言意義非凡。

除了上帝，猶太人沒有固定的當權者，他們不盲目服從上帝以外的權威。這種不盲從權威、對權威抱持懷疑態度的精神，讓猶太社會更加進步。

包含上帝在內，猶太人會開總統、拉比、富翁，甚至是自己的玩笑，是相當懂得自娛娛人的民族。愛因斯坦獲得諾貝爾獎時，曾說：「**把我養大的，是玩笑話；而我能展現出的最佳能力，就是開玩笑。**」

猶太人認為，越聰明的人就越有幽默感，所以他們在日常對話中就很常開玩笑。如此一來，猶太孩子便能跟父母一起，透過日常生活的對話，自然的熟悉幽默感。在家人、親戚都開著玩笑的詼諧氣氛中，孩子自然而然就能學到幽默的真諦。

幽默既是緩和僵化關係的工具，同時也是培養社交能力的重要元素。以下是一個猶太式幽默的範例：

一名男子問：「為什麼畫家都在畫作的下方簽名呢？」

「那是為了避免畫作的持有者把畫掛顛倒啊！」另一個人回答。

「那猶太人為什麼要在沙漠中鑄造金牛犢呢？」

「那還不簡單，當然是因為黃金的量不足以鑄造黃牛啊！」對方巧妙的答道。

幽默，就是用不同的角度來看待身邊的事物。如果孩子對父母開玩笑，猶太父母也會機靈的以玩笑話回應。他們認為，最有智慧的對話，就是幽默的對話，而家庭裡若有和樂融融、能互開玩笑的氣氛，不但能為家人的心靈帶來舒暢感，同時也具有教育性的意義。

猶太人將幽默視作洞察世間道理的智慧，令人不禁思索，我們是否過度在乎學校或成績方面的話題了？必要時，透過詼諧的幽默感來消除緊張、軟化關係，成效肯定更好。

8 不說「你好聰明」，要具體稱讚他做的事

孩子們最討厭讀書，為什麼？因為讀書很無趣。為什麼會覺得很無趣？那是因為讀書的目的不夠明確。

經不起父母的強迫而勉強讀書的孩子，往往缺乏內在動機，所以他們完全提不起讀書的興趣。如果孩子不是自動自發的讀書，那麼花再多補習費也沒用，最後只會一無所獲。

這時，父母扮演的角色相當重要。孩子意志消沉時，父母必須激發孩子的學習動機，而最好的方法就是讚美和鼓勵。

鼓勵能夠喚醒子女的潛力，猶太父母十分了解這一點，因此在讚美、鼓勵孩子時，絕不吝嗇。他們會具體稱讚子女做的好事，重視過程勝於結果，這也是猶太人的人生態度。

給孩子的讚美，要有智慧

讚美，是用來獎勵孩子做得好的行為。當孩子做出正向行為時，用言語認同孩子的行為，這就是讚美。

因為猶太父母知道，讚美是激發學習動機的最佳利器，所以，他們在教育子女時，會有智慧的善用讚美的力量，藉此激勵孩子。想要有效發揮讚美的力量，可參考以下方法：

一、想傾聽、接納並同理子女說的話時，父母可以這麼說。

「**原來你喜歡這樣啊！**」

「**你會這麼想是很有可能的。**」

「媽媽也曾經這樣過。」

「如果是我聽到這樣的話，一定也會很生氣。」

二、給予支持和鼓勵時，父母可以這麼說。

「原來不管再怎麼累，你也會奮鬥到最後一刻。」

「你認真努力的模樣真是帥氣。」

「既然你已經下定決心。那就堅持到最後吧！我會為你加油。」

三、想表達意見時，父母可以這麼說。

「你這麼做讓我好傷心，好像對媽媽視而不見一樣。」

「你這麼做才是我所期望的。」

四、確認想法或發問時，父母可以這麼說。

「原來你不是因為媽媽叫你寫功課才生氣，是因為媽媽講話太直接，讓你感到不開心。」

「你正在寫功課，有沒有需要媽媽幫忙的地方呢？」

「寫完功課後想做什麼事呢？」

相反的，說以下這些話會傷害孩子：

一、否定孩子的存在、打擊信心的話語。

「我不想看到你，給我出去。」

「把你生下來真是我想不開。」

「真是成事不足，敗事有餘。」

「你就只有這麼一點能耐嗎？」

二、跟其他孩子比較或嘲笑孩子的話語。

「你要是能有你哥哥一半厲害就好了。」

「你怎麼會比弟弟妹妹還糟糕呢？」

「你要是會的話，早就做好了。」

「你等著看吧。」

三、催促或中斷對話的話語。

「你到底在幹嘛？動作怎麼會慢成這樣呢？」

「是在摸什麼魚？還不快一點！」

「還敢給我頂嘴！」

「你快說啊，有膽你就說來聽聽啊！」

「你會那麼糟糕，還不是像你爸？」

「會相信你，是我腦子有問題。」

讚美的準則，不能胡亂誇獎

讚美孩子時，不能胡亂的誇獎，否則可能會造成反效果。

● 告訴孩子具體原因

比起用「做得真棒」、「好厲害」來讚美子女，建議父母可以**說出讚美的原**

因。如果讚美子女時，說得含糊又籠統，沒有具體說明理由，孩子會不知道自己為什麼被稱讚，導致他們一直做同樣的行為，不曉得該朝哪方面努力。

舉例來說，如果讚美孩子：「你一天讀一本書真是了不起。」孩子就會繼續努力讀書；如果對孩子說：「你有確實執行自己擬訂的計畫，真是不簡單。」孩子就會盡心盡力的實踐計畫。

如果能像這樣具體讚美子女完成的事，那麼即使父母沒有碎碎念，他們照樣能展現出努力付出的面貌。

● 讚美努力的過程，而非結果

如果父母說：「先把練習題全部寫完該有多好。」孩子可能會覺得很有負擔，可以改說：「**你每天都寫一些練習題，真是不簡單。**」利用稱讚的語氣，增加他們的自信心。

假如只針對結果誇獎孩子，容易導致孩子為了得到稱讚，而只選擇完成簡單又熟悉的習題，反倒不去挑戰有難度的題型。

然而，假如父母稱讚付出努力的過程，便可幫孩子培養挑戰新事物的勇氣，以及不易受挫的樂觀態度。如果在孩子讀書時，稱讚他：「你把書從頭到尾全部讀完，真是太棒了。」原本對讀書感到厭倦的孩子，也會在不知不覺之中，開始享受閱讀的樂趣。

● 加上溫暖的肢體接觸

加上肢體接觸的讚美，能傳遞父母溫柔的情感，並為孩子帶來勇氣。

因此，比起只靠說話來稱讚子女，在稱讚的同時，一邊抱緊孩子、拍拍他的肩膀或摸他的頭，孩子受到讚美時會更開心，記憶也更容易長存，他們能更直接的感受到「我被愛護著」。

因此，建議同時用言語和動作來讚美孩子，而非只說不做。

● 讚美嚴禁反覆無常

錯誤的讚美，反而會養出凡事自我中心、不懂得體貼他人的小孩；缺乏一貫性的讚美，無法為孩童的行為或判斷提供標準，也無法建立孩子的自信心。

如果昨天才對著幫忙擺設餐桌的孩子說：「謝謝你幫媽媽的忙。」今天卻說：「乖乖待在那別煩我。」他們將無法對自己的行為保有自信心。

● 不可同時讚美及訓斥

在教訓小孩前，先說「你這件事做得很好，可是……」的讚美方式並不恰當，因為孩子會分不清楚自己到底是被稱讚了，還是正在挨罵。假如經常發生這樣的情況，孩子會認為被讚美之後又要挨罵。那麼，就喪失讚美的意義了。

● 嚴禁隨便讚美、濫用稱讚

不是發自內心的讚美也不好。有些事，連孩子自己也覺得不合理。如果孩子認為自己明明就畫不好，父母卻稱讚他「你畫得真棒」，反而會助長他的自卑感。

碰到這樣的情形時，建議說：「你畫得好認真，媽媽好喜歡你認真做每件事的模樣。」隨便讚美、濫用稱讚，可能會對孩子造成致命性的傷害。被過度稱讚的孩

正確讚美檢核清單

□稱讚時，是否著重於孩子努力的過程，而非結果？

□讚美孩子時，有加上適當的肢體接觸嗎？

□稱讚時，有確認孩子做那件事的過程嗎？

□有具體說明讚美孩子的原因嗎？

□是在孩子採取行動後，才稱讚的嗎？

□有針對稱讚的內容，給予孩子適當的獎勵嗎？

□讚美孩子時，是發自內心的嗎？

□給孩子的讚美，是否合理、不過於浮跨？

□是其他人也聽得到的公開稱讚嗎？

□有針對值得表揚的事情來稱讚孩子嗎？

打勾數量	行動力	評估
1～3 項	低	讚美方式有待改善
4～7 項	普通	讚美方式適當
8～10 項	高	讚美方式非常正確

出處：KYOWON GROUP。

子，將難以自行評估自己的行為，也就是說，他們容易被他人的評價所控制。

再者，被過度讚美的小孩，可能會養成過於自我中心的性格，希望別人總是關注著自己，卻不知道要關心旁人的感受。

最後，若針對孩童的先天條件或本性來讚美，像是「你本來就很聰明」、「你頭腦聰明是天生的」，他們當下可能會很開心，可是過一段時間後，就會逐漸失去熱情。

針對天生的資質來讚美孩子之所以不恰當，正是因為孩子無法控制，他們只能接受自己無力改變，且對自己身處的環境束手無策的事實。

第四章

孩子是屬於上帝的，不是父母的

1 猶太教育的轉大人教育法

猶太人滿十三歲時，會舉行名為「Bar Mitzvah」的成年禮，「Bar」意指兒子，「Mitzvah」意指契約（律法）。因此，Bar Mitzvah 意為契約之子或律法之子。藉由舉行成年禮的過程，孩子會晉升為律法之子。完成成年禮儀式的猶太人，擔負著嚴守上帝所有誡命的義務。

在成年禮之前，若兒子沒有遵守誡命，他的父親會為他負起一切責任。可是從現在起，孩子必須自己承擔。而這一天對父母來說，也是免除對子女的教育義務、宗教責任的歡喜之日。

從十三歲邁入青春期起，成年禮不僅讓猶太少年變得更成熟穩重，也讓他們開始懂得對自己的人生負責。此外，這時的他們也正式成為猶太社群的一員，能代表大家奉讀《聖經》，也能代表與會的眾人做禱告。在自我意識最為強烈的青春期，孩子親自與上帝立下契約，讓他們意識到，上帝已介入自己的生命裡。

在成年禮上，孩子們會收到父母與賓客贈送的《聖經》、手錶和禮金。這三樣禮物包含的訓誡如下：《聖經》象徵上帝，提醒孩子在神的面前要活得問心無愧；手錶象徵時間，提醒孩子應好好遵守時間，不要虛度光陰；禮金象徵物質，提醒孩子應妥善保管金錢。

在我們看來，十三歲相當於國中一、二年級的年紀，要將這個年紀的青少年當作成年人看待，仍稍嫌太早。韓國有個笑話是這麼說的：「韓國因為有行事作風難以捉摸的國二生，所以北韓才不敢越界南下。」說明邁入青春期的孩子是多麼的難搞且令人感到負擔。

當你問某位媽媽「最近過得如何」時，她如果回答：「最近我家小孩升上國二了。」一般人通常就不會再繼續追問下去。

如果問父母，養育青春期的孩子時什麼最累人，多半會得到「孩子都不聽話」、「他們自己想怎樣就怎樣」等答案。或許這就是為什麼猶太人如此認同「年滿十三歲的孩子可以離開父母，當自己人生中的主人」這樣的觀點。

滿十三歲，就要為自己負責

根據猶太民族的傳統，如欲舉辦成年禮，他們會選擇辦在安息日。首先，當天要參加成年禮的少年，會攤開《妥拉》卷軸，並朗誦卷軸上的祝福經文；接著，他們會用希伯來語大聲朗讀先知書（按：《希伯來聖經》〔*Tanakh*〕三部分中的第二部分）。

對猶太人而言，在眾人面前正式宣讀《妥拉》，是別具意義的祝福。因此，由孩子翻開《妥拉》並朗誦祝福經文，等於見證他們第一次行使該項特權。

這項習俗對於減少猶太文盲有極大的貢獻。自古以來，猶太男性之所以都識字，正是因為他們必須在成年禮上閱讀《妥拉》。朗誦完之後，父母會接續兒子的話，說出：「在此向上帝獻上祝福，感謝您免除了我對孩子的責任……。」

父母會在證人面前正式宣布，日後兒子所犯下的宗教性過失，父母已無承擔的責任。同時，這也代表參與成年禮的少年，以後必須自己承擔所有宗教過錯。雖然僅是一名十三歲的少年，可是他再也不從屬於父母，成為一名獨立個體，同時也是一位成年人。

接下來，猶太孩子會講述道理。他們會在成年禮前，事先準備好猶太律法中的一則議題，並於當天在親友面前演講。中世紀時，在德國居住的猶太人會在成年禮結束後，於做禮拜的時間讓孩子上臺演講，今日多數猶太人也會依循這項傳統。

講述道理的儀式結束後，是眾人共享美食的慶祝時間。這時，周遭的親友與鄰居，會因為身邊又誕生了一位健全的猶太人而歡欣鼓舞，並熱烈歡迎這名少年成為「Klal Yisrael」（按：意第緒語，意指全體猶太人）的一員。

讓孩子自己睡覺，訓練獨立性

成年禮後的第一年尤其重要，這段期間，少年必須接受成年人的訓練。對猶太人而言，所謂的成年人，是指能遵守猶太教的誡命，並以該信仰為根基，為社會服務的人，而且他們有義務參加週五晚上和週六早上的禮拜。

此外，禮拜進入尾聲時，成年的猶太人可以帶領會眾頌榮，也能捆起《妥拉》

或將其放入約櫃內收藏。週一及週四可以誦讀《妥拉》，同時亦能以處理善款的方式為會眾服務。經由這樣的訓練，一年後便能成為協助禮拜程序的助手。

訓練期間亦必須做公益服務，例如：造訪醫院，協助照顧病患或老人、免費教幼童希伯來語或其它語言、前往監獄或養老院幫忙，猶太少年有義務完成這些社會服務活動。

透過這樣的服務，他們不僅能學習社會的運作模式，也能學會服務社會的精神。這段期間他們透過實際接受培訓，了解與上帝締結契約的人，該如何為世界奉獻，以及該如何在世界上生存。

西方人的獨立自主性較東方人強，這也代表東方人比較不獨立，且依賴性強。這種性格上的差異，不是先天條件所造成的，而是教育方式造就出的結果。西方人從小訓練子女要獨立自主，舉例來說，當孩子達一定年齡後，他們就會訓練孩子獨自一人在房間睡覺。

為了在性格形成的幼年時期，培養出兒童的獨立性與開拓精神，孩子哭鬧時，西方人不會立刻奔向房間哄孩子，而是在房門外頭說：「媽媽在這裡，你放心。」

再靜待子女冷靜下來。所以，孩子可以說是很早就進入心理上的斷奶期。

從這一點看來，猶太孩子是在具備獨立人格的情況下參與成年禮的，藉此能讓當事人意識到責任感的重要性。

他們被賦予能完全參與猶太社群的特權，同時也要承擔猶太律法與傳統的相關責任，而不是透過可以飲酒、抽菸等法律規範界定成年的界線。

還有，為了確實培養獨立自主的能力，猶太人會等孩子提出請求後，再給他們建議。如果孩子遲遲沒有尋求幫助，千萬不可以從旁指點他們。另外，給建議時，只能針對小孩提出的問題給意見，而且點到為止就好，盡量引導孩子自己尋找答案，並從旁協助他們做決定。總而言之，就是將他們當作成年人看待。

猶太人不以成功作為教育目標，他們盡全力做好父母這個榜樣，讓子女成為擁有健全人格的個體，而不會光想著讓子女成為成功人士。

他們的最終目標，是教導孩子以「我們」的名義過生活，也就是教導孩子「共同生活的方式」，而非自我中心的過生活。這也是猶太人流離失所超過兩千年以上，至今依舊存活著，並維持著團結性的原因。

2 孩子不該相親相愛，要吵吵鬧鬧

哥哥和弟弟兩人正為了派而吵架。

為了吃到大塊一點的派，兩人吵著要切派。力氣比弟弟大的哥哥，把刀子搶了過來，想把自己的那一塊切得大一點；弟弟覺得自己的那一塊可能會變得很小，於是開始放聲大哭。

這時，將事發經過都看在眼裡的媽媽出面了：「兒子啊，你等一等，既然你已經憑自己的力氣，把刀子搶過來要切派了，是不是也應該給弟弟選擇的機會呢？如果派是你切的，那就讓弟弟先挑選切好的派吧！」

一聽到這句話，哥哥便將派對半切成兩塊。

《塔木德》中有句話是這麼說的：「如果拿兄弟的個性做比較，大家都能相安無事，但如果拿兩人的智商做比較，肯定兩敗俱傷。」

兄弟姊妹發生糾紛時，猶太父母會化身為法官，在充分聽完當事人說的話之後，他們會公正的分辨對錯。家人之間互相競爭、吵架，是很正常的事，但如果偏袒某一方或做法不公平時，孩子便會因為嫉妒，導致雙方開始鬥嘴，甚至引起更激烈的衝突。

勿拿孩子的智商互相比較

有些家庭的兄弟姊妹感情好，相處起來就像朋友一樣。年紀大的孩子會照顧年幼的孩子，也會指導他們，弟弟則會緊緊跟在哥哥身邊。然而，也有許多家庭的孩子，感情並不和睦。

雖然有句話說：「孩子們是在爭吵中學習成長的。」可是如果家中的兄弟姊妹總是爭吵不已，父母一定會傷透腦筋。父母可能必須經常出面打圓場，勸他們好好相處。雖然罵了會安分一些，但效果還是有限。

孩子們有時候會吵得臉紅脖子粗，然後再跑來跟父母抗議，說：「要是沒有弟弟就好了，為什麼要生下他？」

兄弟之間的衝突極其嚴重，如果沒有妥善解決，不但會破壞家庭和諧，也會養出難以維持良好人際關係的個性，進而影響孩子社會化的過程。事實上，兄弟鬩牆是孩子成長路上必經的過程；如果從來不吵架，反而無法學習如何化解衝突、將關係導向正確的道路。

在彼此爭吵與競爭的過程中，孩子們會學習認同彼此的差異、協調意見，以及互相禮讓。

還有，他們會學習該怎麼接受他人的善待，以及互相合作、妥協的辦法。我們總會強調，兄弟之間一定要相親相愛，可是，猶太父母不會這麼做。如果孩子吵架了，他們會給予雙方充分表達意見的機會，接著，父母再化身為審判者的角色，告訴孩子們究竟誰對誰錯，並禁止兩人再次吵架。

猶太父母認為，兄弟之間的良性競爭，能有效幫助孩子學習道德良知、獨立自主意識、責任感等，他們同時也會引導孩子友愛自己的兄弟姊妹。

再者，在猶太人的家庭裡，不論是親子或兄弟之間，只要不是自己的物品，都必須經過對方的允許才能使用。如果孩子們拿父母書桌上的物品來玩，猶太父母會很明確的告訴孩子：「這是爸爸的東西，你們不能拿來玩。」

他們還會教導孩子，即使是兄弟，哥哥若想用弟弟的東西，一樣得先問弟弟：「可以借給我嗎？」得到允許後才能使用。

也許有人會問，明明都是一家人，有必要把所有權分得那麼清楚嗎？可是，如果孩子懂得珍惜家人的物品，就算沒有額外接受道德教育，外出時他們也會懂得愛惜外人的物品及公共設施，不會做出困擾他人的行為。即使父母沒有明說，孩子也會從家庭互動中，自然培養出自己的公德心。

我們常聽到父母拿兄弟做比較，例如：「哥哥那麼會讀書，你怎麼會是這副德性？」這樣的話語非常常見。然而，猶太人絕對不會拿哥哥和弟弟的智力互相比較。因為，就算拿兩人的智力互相比較，不會讀書的孩子，也不會就此成績突飛猛進，反而會變得自暴自棄，增加誤入歧途的可能性。

如同猶太人的格言所述：「勿拿子女的智商互相比較，而是拿個性來比較。」鼓勵良性競爭，並藉此發揮子女各自的才能與個性，這才是猶太人的教育特色。

孩子去朋友家玩時，猶太父母不會同時讓兄弟兩人一起過去。這其實是父母為了保有孩子的不同性格，所做出的努力。他們認為即便是兄弟，彼此的性格或嗜好也會不一樣，與其待在同一個場所相處，不如去不同朋友家接觸不一樣的世界。

猶太人堅信，即使是同一個父母生下的孩子，也會有各自的獨特才華與性格，而好好保有這一點，正是父母的責任。

老大嫉妒弟弟妹妹，父母要體諒

新生兒不論睡覺還是喝奶，都會得到父母的所有關注。只要小嬰兒出生了，父母會不知不覺的將一切心力傾注在小嬰兒身上，再加上他們認為照顧新生兒是理所當然的事，因此自然而然會忽略老大的存在。

然而，即使弟弟妹妹出生了，老大仍然渴望獨占媽媽的愛。以孩子的觀點來看，他們會覺得自己受到威脅，因此，弟弟妹妹一旦出生，老大會感到十分挫折，甚至會想傷害奪走父母關愛的新生兒。

在弟妹妹出生、或教養方式變得更嚴格時，孩子很可能會因為適應不良而做出不當的行為，有時甚至會說謊。因為孩子覺得，既然在家裡得不到父母的肯定，那麼說謊多少可以讓自己有些存在感。

這時，父母應努力體諒孩子，避免將老大的舉動視為問題行為。最重要的是，父母必須讓每個孩子感受到自己的關愛，千萬不可以偏愛某個孩子。只要孩子覺得「爸媽都是相信我的」，他就會展現出真實的自己，不會再說謊。

除此之外，為了建立兄弟姊妹間的手足之情，可以一同擬訂家族出遊計畫，或是在家跟父母一起玩合作遊戲，都是好辦法。不過，需要注意的是，孩子們在玩遊戲時，父母應盡量避免親自參與，讓孩子自行化解糾紛。不過，若孩子間的衝突，造成實際傷害或心理上的創傷時，父母絕對不能忽略。

再者，父母不應該忍受孩子互相打小報告的行為；相反的，看到孩子幫助彼此、相親相愛的畫面時，務必要稱讚他們。相較於由父母取悅小孩，兄弟姊妹互相逗彼此開心，反倒更有意義。可是，這種嫉妒現象不僅僅出現在幼兒期，隨著兒童的成長，這樣的心結，隨時都有可能出現在孩子的心中。

老大最聰明，老么最有魅力

即使在同一個環境中成長，共享許多遺傳基因，可是從性格、行為、興趣、飲食習慣等層面來看，一對兄弟仍會有諸多差異。事實上，在同一個屋簷下長大的孩子，仍舊大不相同，是眾所皆知的常識。一直以來研究人員們發表的研究，也支持此一說法。

美國哥倫比亞大學的研究團隊，曾在學術期刊《科學》（*Science*）上發表有關兄弟差異的劃時代性研究。為了驗證出生順序是否會改變智商能力，團隊分析了一九六三年至一九六六年間，年滿十九歲，並為了是否入伍而接受體檢和智力測驗的丹麥男性，研究對象共有三十八萬六千三百三十六名。

其中，智商最突出的分為第一級，最低落的則被分為第六級。令人意外的是，出生順序跟智商之間有相當明顯的關聯。老大的平均智商為二・三級，老二是二・五級，老三是二・六級，弟弟的智商平均低於哥哥。

研究指出，老大因為曾度過一段沒有競爭對象的時間，所以能獨占父母的關愛及照顧，擁有充分發展智商的機會。然而，日後出生的弟弟鮮少有這樣的機會，所以才會產生智商上的落差。

而且，老大有時會對弟弟造成不良影響。有觀察指出，弟弟通常比哥哥早接觸到菸酒、違禁藥品等。對此有人推測，弟弟容易受到哥哥的影響，因而暴露在這些物品之中，而這些影響最後往往會釀成嚴重的後果。

根據倫敦政治經濟學院的研究顯示，在一九八七年至一九九四年間出生的瑞典人中，老二未滿二十歲就因酒精成癮、濫用藥品等因素而險些住院的可能性，是老大的四〇%以上。就算年滿二十歲，這樣的差異依舊不會改變。甚至有分析結果指出，弟弟妹妹的自殺率通常比老大高。

那麼，老二真的沒有比老大優秀的地方嗎？當然有，老二往往比老大更有魅力。有許多關於出生順序造成性格差異的研究指出，弟弟妹妹的個性通常開朗又外向，且富有同理心，在同儕之間受歡迎的程度也比老大好。

對於全新體驗抱持開放心態，且不受既定的規則限制，也是弟弟妹妹的特徵。有分析指出，帶領社會前進、改革的人士當中，弟弟通常多於哥哥。

老大普遍是在父母滿滿的關愛中成長，長大後，再用責任感來武裝自己，並乖乖順應世上的一切規則，有時又想在弟弟妹妹面前扮演父母的角色。反之，總是被老大擠在後頭的弟弟妹妹，會試圖在家人以外的地方尋找自己的目標，因而培養出善於交際的能力。

尼爾．布希（Neil Bush）是美國前總統老布希（George Herbert Walker Bush）的第四個孩子，他是一名相當傑出的事業家。他的大哥是曾任美國總統的小布希（George Walker Bush），二哥則曾擔任州長，不過他曾表示：「我無法忍受自己被拿來跟哥哥們比較。」

或許身為老四的他，面臨的唯一問題就是比哥哥們晚出生吧！弟弟妹妹可能沒有老大會讀書，有時又會惹麻煩，但也挺有魅力的，不是嗎？

這些研究不是要詆毀較年幼的孩子，而是要傳達：為人父母者應完全包容，跟老大有著不同命運的弟弟妹妹們。

3 子女的人生，不能由父母複製貼上

猶太父母幾乎不會要求子女去讀某所大學、某個科系，或要他找什麼工作。他們不會依照自己的期望養育孩子，而是依據孩子的期望來引導。

他們不強迫孩子從事備受社會肯定的工作。即使孩子的想法有些不著邊際，但只要是孩子自己渴望從事的工作，猶太父母就會主動化身為孩子可靠的諮詢者和小幫手。

不過，他們不會過度幫助孩子，僅完成身為教育者的職責，好讓孩子從小就過著獨立自主的生活。

他們也會從旁協助孩子保有屬於自己的獨特個性，同時讓孩子明白，從事自己真正喜歡的工作時，感受到的那份幸福，和人們汲汲營營、盲目貪圖的那份幸福，兩者截然不同。

只給予孩子最低限度的支援

身為父母的我們，不僅沒辦法讓孩子立刻享有幸福，反而有可能讓孩子深陷不幸之中。

因此，我們必須提供機會，讓他們去探索自己喜歡什麼，並學習如何分辨何為有意義的事。

「別浪費時間過別人的生活，也別為了聽取別人的意見，而淹沒自己內心的聲音。最重要的是，要有勇氣去追隨自己的內心與直覺，因為你的心，早就知道你想要成為什麼了。」

這是蘋果公司前首席執行長史帝夫．賈伯斯（Steve Jobs）於二〇〇五年，在史丹佛大學畢業典禮上的演講內容，他的一席話讓許多人感到熱血沸騰。

美國賓州大學華頓商學院客座教授理查．謝爾（G. Richard Shell）也對學生們如此強調：「人生，別為了滿足社會設下的標準而活，也別為了金錢和名聲而活，你應該傾聽內心的聲音。唯有活出自己的人生，人生才是成功的。」

自二〇〇五年起，謝爾便持續以「成功學：倫理與歷史的觀點」為主題來授課，在學生研讀財務管理或行銷等專業知識前，他會先提出「人生與幸福究竟是什麼？」、「該怎麼做才能活出成功的人生？」等基本問題，接著，再和學生一起尋找答案。

4 一定要吃早餐

英文單字「Breakfast」意指早餐，這個字可拆解為「打破（break）斷食狀態（fast）」之意。

我們在吃完晚餐後，超過十二小時沒有進食，會導致隔天一早的血糖濃度下降，這時，身體就需要補充燃料了。

若想喚醒數千億個大腦神經細胞，會需要相當多的能量，假如沒有吃早餐，身體將無法確實供給燃料給大腦。那麼，大腦神經細胞將會難以正常運作。

猶太人一定會讓孩子吃早餐。食物不只是為了生存而吃下的東西，它能支配我們的肉體，甚至還能控管我們的精神。食物跟智商之間有著密切的關聯，沒吃早餐或在挨餓狀態下讀書的孩子，無法好好專心。這也是猶太母親如此關心子女教育和飲食的原因。

沒吃早餐的話，體溫會下降。人們在睡眠期間，體溫便會下降，大腦運作也會變得比較不靈活，如果想在上午將大腦提升到最佳狀態，就得提高睡眠期間降下來的體溫，而要做到這點，只要吃早餐就好。有調查指出，在不吃早餐的學生中，有七〇%體溫只有三十五度。

假如不吃早餐，位於大腦下視丘中的進食中樞，一整個上午都會處於興奮狀態，進而導致人體的生理狀態變得不穩定。要讓處於興奮狀態的進食中樞平靜下來，必須攝取碳水化合物，藉此提高血糖。

負責製造能量、促進代謝的腎上腺皮質激素，會在人類進食時逐漸分泌。但如果沒有吃早餐，人體將無法分泌腎上腺皮質激素，進而破壞身體的協調性。

不吃早餐的學生中，有極高比例是以速食、碳酸飲料等垃圾食物當作主要飲食，而垃圾食物不但熱量高、沒有營養，還會導致學習效率變差及發胖。

當然，孩子想吃的食物會根據當時的心情而有所不同，即使父母從營養學的角度一一向小孩說明，他們也無法理解。

即使如此，父母依然要準備對兒童身體有益的食物，好讓孩子充分攝取營養，這才是善盡父母職責的方法。如果放任小孩挑食，很有可能會破壞家庭的和諧與團結性。

基於這樣的原因，**猶太人禁止孩子挑食**。當父母不管怎麼說，孩子都聽不進去時，猶太人會堅決的說：「你今天只有這個食物可以吃。」如果父母態度夠堅決，小孩通常就會聽從父母的話，因此，若想改掉兒童挑食的問題，父母必須很有耐心的勸導。

如果小孩在父母的努力下，願意吃下所有的食物，那麼，身心靈方面也會變得越來越健康；再加上，孩子如果沒有不敢吃的食物，也會連帶對自己產生自信，對孩子而言，無非是件幸福的事。

猶太孩子從小學習餐桌禮儀，在五到六歲時，就會幫忙擺設餐桌上的食物，或是於用餐後幫忙洗碗。

在協助父母的同時，孩子能培養參與感，而這樣的習慣也會一路維持到踏入婚姻後。因此，猶太夫婦自然能與彼此分擔家事。

吃飯不看電視，把食物當教材

我們可能很習慣一邊看電視、一邊吃飯，可是猶太人用餐時絕對不看電視。對他們而言，用餐屬於宗教儀式的其中一環，所以一家人齊聚一堂、同時用餐的時光，具有相當神聖的意義。

孩子一旦熟悉了目前的飲食方式，日後就會變成習慣。因此，父母務必讓孩子從小養成正確的飲食習慣。如果希望孩子長大成人後，能過著健康快樂的人生，不為飲食習慣的問題所苦，那麼，從孩子還年幼的時候開始，父母就該讓他們養成正確的飲食習慣，並常保感恩的心。

數千年來，猶太人之所以如此嚴守食用潔食的規定，正是因為他們認為，飲食這件事和讀書一樣重要。他們一邊享用潔食，一邊親身體驗規矩、體貼、真理的重要性，而食物就是最棒的教材。在餵孩子吃飯時，猶太父母會仔細說明潔食的標準與原因，透過食物，教導孩子正確的價值觀。

吃乾淨的食物來抑制貪吃的念頭，這跟讀書的功效也有極大的關聯性。不論是再怎麼營養的食物，吃太多仍會造成消化器官的負擔，甚至影響專注力。猶太格言中有句話說：「到處吃得沒完沒了的孩子，即使再聰明，終究會忘記自己學過的內容。」若想提升讀書的功效，應適量攝取營養的食物，這點相當重要。

生活不能只有死讀書，還要懂怎麼吃

許多孩子對於讀書有著錯誤的觀念，因此抱著若考上明星大學，人生就豁然開朗的心態讀書，導致讀書讀到身體發病、精神崩潰，這樣的案例非常常見。

從現在起，我們必須謹記一件事：讀書不僅是腦袋要做的事，我們的身心與思緒，都必須一起行動才行。健康的食物與有節制的飲食習慣，不但能打造健康的身體，對大腦也很有益處。

健康的食物，是享受健康人生的基本條件。我們對食物的看法及攝取方式，會直接影響我們的思想與心靈，所以我們必須仔細區分食物的好壞，並攝取能讓我們正向思考的優質食物，並養成對食物心存感激的生活習慣。這也是我們必須從小教導孩子，對食物要有正確觀念的原因。

攝取食物是每天的人生課題，吃下什麼食物與我們如何生活，有著密切的關聯。我們透過飲食這件事，每天都在學習人生的價值與真締。訓練有素的孩子，自然能活出美好的人生，而這樣的生活態度，不但能為孩子建立規律的生活，同時也能幫助他們維持健康快樂的模樣。

5 猶太致富習慣：自己賺零用錢自己花

猶太人從新生兒時期起，便會落實金錢教育。不過，這個階段多半著重於理論，但只要孩子開始學說話且認識數字，猶太父母就會開始教孩子實戰技巧，也就是讓幼兒園生或小學生做生意。

相較於其它民族，猶太人會舉辦許多自己民族的聚會，只要前往那樣的場所，很容易會碰到販售餅乾、糖果的猶太孩子。孩子們會扯開嗓門叫賣、販售物品給人們，然後再將收益捐給國家，或為家境貧窮的人提供救助金。

不只如此，在西方社會裡，只要來到跳蚤市場，就很常看到和小孩一起兜售物品的猶太父母。他們會告訴孩子賣東西的黃金地帶在哪，也會教孩子跟客人殺價的方法。

有些父母會指著做生意的人們，貶稱他們為「擺地攤的」，在某些情況下，攤販甚至會跟「敲竹槓的人」畫上等號，而這與對金錢的錯誤認知有關。也許是受到儒家思想的影響，孔子曾說：「君子喻於義，小人喻於利。」或許就是因為如此，大人才不跟孩子談論金錢的事，甚至鄙視賺錢的人。

其實，在韓國，二十到三十歲的人，金融知識根本不及格。根據韓國銀行和金融監督院去年所發表的「全國國民金融理解能力調查」，二十九歲以下的韓國人，金融理解能力分數是六十二分，連經濟合作暨發展組織（OECD）訂的最低目標分數六六．七分都不到（按：根據臺灣金融研訓院於二〇二〇年的調查顯示，臺灣二十到二十九歲的年輕人中，有二六．五％完全不了解金融商品服務）。

從小做家事，失業率驟降、收入上升二〇％

猶太人只花費數十年，就擠進全球富豪的名單。全球金融界數一數二的實力派人物中，猶太人更是不勝枚舉。除了眾多頂尖金融公司的執行長之外，前美國聯邦準備理事會主席亞倫．葛林斯潘（Alan Greenspan）、避險基金教父喬治．索羅斯

（George Soros）等人，皆為猶太人的後裔。

猶太人這麼會理財，並不是天生的，而是從小接受扎實教育所得到的成果。多數的人都誤以為，猶太人的後裔從小就過著衣食無缺的生活；可是，大家最常討論的猶太富豪們，都傾向於讓子孫過更簡樸、節制的生活。

世界富豪洛克斐勒也從小受僱於父親，以替父親工作來賺取零用錢，像是幫忙種田或擠牛奶，然後再將每天的工作內容記錄在帳簿內，做多少工作，就跟父親領多少工資。他認真記錄自己的勞動工作，並享受這樣的過程，覺得這是極其神聖的一件事。

更有趣的是，洛克斐勒家族的第二代、第三代甚至是第四代後裔，都使用相同的方式：自己賺錢自己花。

洛克斐勒二世有五名子女，他給子女的零用錢非常少，少到簡直使世界第一富豪的稱號蒙羞。

他會依照子女的年齡劃分等級，以分配零用錢。七到八歲的孩子，一星期給三十美分（按：全書美元兑新臺幣之匯率，皆以臺灣銀行在二〇二一年七月公告之均價二七．五四元為準，約新臺幣八元）；十一到十二歲的孩子，一星期給一美元；滿十二歲的孩子，一星期給兩美元。

不僅如此，孩子如果幫忙做家事，他也會給予適當的酬勞，藉此補貼零用錢，像是抓一百隻蒼蠅給十美分，抓一隻老鼠給五美分，若做了堆柴、運送農作物或拔雜草等家事，也會支付適當的酬金。後來，洛克斐勒還訂下零用錢相關規則：

一、每星期給一美元又五十美分的零用錢。
二、每星期檢查收支記錄本，如果對內容感到滿意，下星期會多給十美分。
三、至少要將零用錢的二〇%存起來。
四、精確且詳細的記錄每一筆支出明細。
五、未經父母同意，不得任意購買貴重物品。

一本以色列教養雜誌曾做過一項調查，研究常做家事的孩子和很少做家事的孩子，長大後會有哪些差異。結果，經常做家事的孩子，失業率是後者的十五分之一，犯罪率是十分之一，平均收入則高出二〇%。從小就懂得勞動價值的孩子，會不斷磨練自己，並從中尋找人生方向，因此將來極有可能成為大人物。

猶太父母十分明白這個事實，他們認為孩子充分擁有做家事的能力，而且身為家庭的成員，他們也有做家事的義務。所以，為了培養孩子的生活能力，他們懂得利用家事來教育孩子，讓孩子積極參與整理床鋪、清理垃圾、打掃房間等家事。做家事的同時，孩子也能體會到什麼是責任感與義務，家人之間的情感便會越來越堅固。

相較之下，韓國反而有許多青少年，對於「當房東」這件事抱有憧憬，如果問小學生未來志向是什麼，他們甚至會回答「房東」！市場專家對此指出，這種想法會妨礙健全理財觀念的發展，父母千萬不能一味的向孩子植入賺大錢的幻想，卻忽略存錢的過程。

這些青少年對於如何累積資產、買房毫無興趣，一心只想著大發橫財，買下整條街或一棟房子，靠著收房租過生活。在這種環境下成長的孩子，容易在毫無準備的情況下踏入社會。這也是理財觀念上會出現「貧富差距」的原因。

建立金融觀的黃金時間，是成年之前

我們的孩子在學校裡沒有接受金融教育，課程中也沒有與金融理財相關的科目。相較之下，先進國家將孩童的成長階段，視為建立正確金融觀念的黃金時間。

英國的做法，是讓十一歲到十六歲的學生接受經濟與金融的義務教育，學生會學習金融工具與服務種類、收入與支出、財務與稅收、信譽與債務、金融風險等知識；美國有十七個州的做法，是將金融訂為高中必修科目。

家庭會加深孩子對理財的偏見與誤解。韓國 Meritz 資產管理公司總經理約翰．李（John Lee）就曾指責：「別說培養子女的財務智商了，韓國父母盡做些剝削孩子權利的行為，孩子們之所以會盲目幻想著要當房東，是因為他們從來沒有見識或聽聞過理財投資的成效。」

他更補充說道：「總是聽父母說『隔壁鄰居玩股票玩到破產』、『別接觸有風險的投資』等說詞，孩子長大後怎麼可能會懂投資理財呢？如果不希望孩子也成為金融文盲，父母的觀念必須有所改變。」

6 每天學二十個外文單字

一個民族的文字中，藏著那個民族的靈魂。能擁有屬於自己的語言與文字，是莫大的幸福。文字是將文化遺產、民族歷史，及祖先的智慧傳承給後代子孫的重要工具，猶太人一直保有著自己的語言——希伯來語。希伯來語是西元前兩千年代中期出現的語言，《舊約聖經》（*Old Testament*）就是用希伯來語寫成的。

於西元前十三世紀開始撰寫的《舊約聖經》，裡面使用的希伯來語，至今仍存在於世上，而這也是在西元前六世紀，猶太人被帶往巴比倫時使用的語言。為了守護猶太教，猶太人持續使用自己的文字。五千年來的猶太歷史，至今之所以依舊生生不息，都要歸功於他們的文字。

猶太人經歷了兩次大離散，使大部分猶太人流離失所。猶太賢者為了防止猶太教因傳入不同地區而變質，遂決定將做禮拜的儀式標準化。另外，因為擔心他們的語言受到破壞，猶太人寫下希伯來語字典與文法。拜此所賜，現今只要熟悉現代希伯來語，就能讀懂古希伯來語。

一四四六年，朝鮮王朝世宗大王頒布《訓民正音》，由此也可得知，一個民族能保有自己的文字，意義非常重大。希伯來語不僅記錄了猶太人與上帝之間的契約，也記錄了他們的歷史，並將這些訊息流傳給後代子孫。

語言是傳承信仰與智慧、使其發展下去的最佳工具，更具有維持並保存猶太社群同質性的核心功能。十九世紀末，希伯來語恢復為日常用語，而現今的以色列官方語言就是希伯來語。從世界各地歸國的猶太人，也可以在當地學習希伯來語。

一對在以色列駐韓大使館工作的猶太夫妻，曾在某媒體訪問中，詳細說明他們透過網路，讓子女學習希伯來語的原因：

「我認為，讓自己的孩子學習希伯來語，是一件相當有意義的事。認識自己的文化背景很重要，所以我讓孩子參加線上希伯來語課程，也會朗讀希伯來語故事給他們聽，甚至讓他們聽希伯來語歌曲。

「雖然現在說英語已成為一種趨勢，可是未來我們很有可能會回到以色列生活。更重要的是，身為以色列家庭，我希望一家人能擁有共同的生活背景。

「再怎麼說，希伯來語也算是我們的一部分，既屬於我們的傳統、習俗與宗教，也是家人與以色列之間的聯繫管道。」

每天學二十個單字，一個月後報紙也看得懂

猶太裔作家魯斯·希洛（Ruth Shiloh）會說希伯來語、英語、匈牙利語、法語、意第緒語；她的父親目前在以色列擔任雜貨店老闆，會說希伯來語、阿拉伯語、英語和亞美尼亞語。

因為她的先生也會說意第緒語，所以夫妻兩人要談論孩子不宜聽到的話題時，就會使用意第緒語。會說多種語言的猶太人，在夫妻吵架，或要談不適合讓孩子聽到的話題時，就經常用小孩不懂的外語對話。

猶太人通常能輕鬆駕馭兩種以上的語言，若受過大學教育，一般會說三、四種語言。猶太人擅長說外語的祕訣是什麼呢？首要原因跟他們的文化傳統有關。

數千年來他們遊走世界各地，過著流離失所的生活。從古羅馬時代起，便有部分猶太人住在歐洲，而歐洲數十個國家緊密相連，開車只需幾小時的時間，便能輕鬆跨越國境，對於熟悉外語這件事來說，猶太人可說是擁有得天獨厚的地理條件。

另外，分散於各個國家的親戚也經常來拜訪，因此自然能接觸到各國的語言，達到學習外語的效果。而這樣的傳統，至今仍不斷傳承給位在世界各地的猶太人。

有效學習外語的方法是什麼？單字是語言的基礎，根據美國某項研究結果指出，只要知道某種語言中的六百個常用單字，就能運用該語言。也就是說，一天只要學會二十個單字，一個月後就有能力閱讀以該語言寫成的報紙。

猶太人十分重視單字教育，他們會讓孩子養成每天熟記單字的習慣，訓練小孩背單字，再直接將單字運用在日常生活中。為了熟悉各種外語，他們會努力將學過的單字背起來並大量閱讀。猶太人每天都會唸外文書給孩子聽，而這也是西方普遍的外語教育方式。

據說，佛洛伊德也可以說出流利的拉丁語、法語和德語。猶太人從小就學會說數種語言，跟只會說母語的人相比，語言能力優秀許多。

顯然，不論是知識與資訊的競爭力，還是奠下外語基礎時所學到的想像力與創意，會說多種語言的猶太人，在各方面都擁有雄厚的實力。猶太人的創意、國際觀與挑戰精神，正是他們具備頂尖競爭力的原因。

透過這種特殊的教育方式，猶太人很早便藉由經營的技巧，帶動全球社會的運作。他們以知識作為智慧的基礎，知識的範疇越廣，就越能取得深層的智慧。學習各國語言的同時，他們也能接觸諸多資訊與情報，從某個角度來看，或許他們的創意與具獨創性的智慧，正是從中汲取出來的。

猶太人相信，對人類來說最重要的東西，就是智慧。因此，猶太人認為學者比國王更偉大，而他們也以這樣的觀念為榮。只有人類擁有語言能力，而語言又可幫助自己發揮實力，因此，語言能力可說是增廣知識、經營人際關係、塑造精神價值的基石。

第四次工業革命是全球性的熱門焦點，因此，好好磨練全球通用語言——英語，是當前的首要任務；接著，再透過自己所屬的領域擬定策略，增強國際競爭力。這就是我們能從支配全球的猶太人身上學到的智慧。

第五章

世界的命運，由能將想法傳達給他人的人決定

1 提問不分好壞，反問一句：「你覺得呢？」

我們的學生在學校最常聽到的話，恐怕肯定是「安靜一點」，不然就是「吵死了」或「不要吵」。這是讓學生好好閉上嘴巴的三句話，也是他們最常聽到的話。有時，老師甚至會將學生的姓名記在黑板上，警告他們。

相反的，不論是在猶太學校還是家裡，老師及父母最常說的話是：「你是怎麼想的？」、「你的看法是什麼？」

猶太人上課時通常是以「你是怎麼想的？」開頭，再以「你是怎麼想的？」結束。懂得詢問對方的意見或想法，是最尊重對方的態度。

如果對孩子這麼說，孩子會覺得自己受到他人的尊重；如果主管詢問部屬的意見，部屬會認為自己備受重視；如果老師問學生有什麼看法，學生會因為自己受到肯定而心存感激。

只要是人，任誰都想表達自己內心的想法；只要是人，任誰都會為了賞識自己的人而賭上性命。因為對方懂得賞識自己，也就代表對方理解自己的內心。

著有暢銷書《正義》（*Justice*）的哈佛教授邁可·桑德爾（Michael Sandel），在數千人面前講課時，最常提的問題也是「你是怎麼想呢？」於常春藤盟校授課的教授們，上課時也最常問「你有何看法？」世宗大王則最常說：「愛卿有何看法？」這幾句話全都跟猶太人愛問的問題相仿。

猶太人所在之處總是人聲鼎沸。我們的教室內卻總是寂靜無聲。猶太人的教室內不但吵吵鬧鬧，大家提出的問題更層出不窮，學生們不會將老師的諄諄教誨視為理所當然，反而會不斷發問。

猶太人深信，在課堂期間產生的疑問，應立即透過發問來解惑。一旦拖延下去，就得花更多時間解決問題，也很有可能會忘記。

我們自古以來就相當重視日常禮儀，從小接受「大人說話，小孩不能插嘴」的觀念。如果大人說話時，小孩在一旁發表意見、插嘴說上幾句，就會被當作是沒有教養的孩子。正因如此，在我們的社會裡，小孩要替自己發聲並不容易。

然而，猶太人不但重視孩子充滿好奇心的問題，而且問題越是天馬行空，他們越高興。猶太小孩不會忽略模稜兩可、未知的事物，因為大人教導他們，不懂就要發問。所以，他們不會隨隨便便就相信事情，或硬著頭皮去理解。

孩子們有時會提出超乎想像的疑問，假如我們被小孩問到難以回答、想不出答案的問題時，通常會說「不要問這種問題」，然後含糊其辭的帶過去，藉以堵住他們的嘴。

然而，猶太人會直接反問孩子：「你是怎麼想的呢？」因為對猶太人來說，問題沒有好壞，更沒有所謂無關緊要、沒建設性的問題。

問開放式問題，激發學習動機

提出不僅擁有一個答案、或沒有正確解答的問題，有助於發展孩子的想像力。只有一個正確答案的問題，又被稱為封閉式問題；沒有正確答案的問題，則被稱為開放式問題。

封閉式問題的解答，多半來自過去經驗或單方面的知識；開放式問題尋求的，則是未來的可能性。因此，我們必須多問孩子開放式問題，而非封閉式問題。

- 封閉式問題

你有乖乖聽老師的話嗎？
你有遲到嗎？
你喜歡新朋友嗎？
功課寫了嗎？

- 開放式問題

把雪碧和可樂加在一起會是什麼滋味呢？我們要不要試試看？
公雞是怎麼知道快要破曉的呢？
新娘為什麼要穿白色的婚紗呢？

約翰．甘迺迪（John F. Kennedy）曾因發揮精湛的辯論實力，而當選美國總統，而這一切還得歸功於他的母親——羅絲．甘迺迪（Rose Kennedy）。甘迺迪的母親說：「世界的命運，由能將想法傳達給他人的人所決定。」據說，她從孩子年幼時便開始實施辯論教育。

她會將報紙貼在顯眼的地方，當作每天早上吃早餐時的辯論資料，然後一直問孩子：「你是怎麼想的？」甘迺迪回首過去，表示如果那時他沒有讀《紐約時報》，就撐不過父親一針見血式的提問，甚至連飯都別想吃了。經過這樣的訓練，甘迺迪才得以在總統大選辯論時，超出眾人的預期，以壓倒性之姿勝過理查．尼克森（Richard Nixon）。

有句猶太格言說：「**好問題勝過好答案**。」如果我們每次都以敘述的方式開始教學，只會讓孩子失去學習的樂趣，更別期待能激起孩子的動力。研究顯示，敘述的教學方式就有如無聊的廢話，會導致大腦進入睡眠狀態。也就是說，單方面的解說或介紹，無法刺激大腦。

相反的，提出疑問竟能喚醒沉睡中的大腦。只要提出問題，不論是誰，都會將注意力放在提問者身上。事實上，**提出疑問是激發學習動機的最佳辦法**。家長跟子女對話時，應讓孩子對好奇的事物發問，再親切的回答孩子的問題，或是接二連三的提出更多問題，誘發孩子的好奇心。

對活動力旺盛的孩子而言，強迫他們一動也不動的坐在學校教室裡、單方面聽老師講課四、五十分鐘，究竟有幾個孩子撐得下去？十二年來，僅透過單方面聽課來獲得知識的孩子，早已喪失自主思考與判斷的能力，就這麼長大成人了。

選擇障礙是一個非常經典的副作用。提供人工智慧及大數據服務的VAIV公司（按：前身為Daumsoft）副社長宋吉永就曾批評，近來有太多青少年有選擇障礙。在線上問答網站中，有許多青少年詢問，自己的學歷是否能進入某企業、該選擇什麼當作自己的生活嗜好，甚至連中午要吃什麼，都要問網路上的陌生人。

現在的年輕人，竟連自己的興趣都不清楚。也許正因為有了選擇障礙，他們才會連正餐要吃什麼都懶得抉擇。像這樣對於思考感到麻煩、對自己做決定感到負擔的現象，往往是從小被動接受父母的想法及決定，而引發的副作用。

2 頂尖只有一個，但人人都是獨一無二的存在

猶太人會教導孩子「和別人不同」，而不教孩子「比別人優秀」。他們認為，盡可能尊重孩子的個性，並讓孩子的個性發揚光大，才是最重要的。

既然如此，什麼是個性呢？個性，就是有別於他人、只屬於自己的面貌，而尊重孩子個性發展的教育方式，正是猶太教育的特徵之一。

在猶太家庭裡，父母不會逼迫孩子要比他人厲害，或是凡事領先他人。他們不會在意孩子讀的是一流大學還是三流大學，因為每個人與生俱來的能力都不同。

所以，他們選擇靜心觀察孩子的成長過程。猶太父母不希望自己的孩子被困在既定的框架中，跟其他孩子玩相同的遊戲、讀一樣的書、做雷同的行為。

因為他們認為**在成長過程中，能保有與眾不同的個性對孩子更有幫助**，如果要在競爭中一較高下，最後只有少數人能成為贏家。然而，假如我們能尊重孩子們各

自的特質，保留他們的獨特個性，那麼，每個人都將是贏家。

再者，對猶太人而言，誰先想到絕妙點子並不重要，誰能活用那個好點子、得出豐碩的成果，才是最重要的。儘管想出創新的點子很重要，但是確實執行該點子並導出具體成效，更是關鍵。

提出相對論的愛因斯坦曾說：「我不是什麼天才，我只是充滿好奇心而已。」研發小兒麻痺疫苗的約納斯・沙克（Jonas Salk）也曾說：「我做了數千次的實驗後，才研發出疫苗。我從小看著母親天天研發新菜色，才能擁有如此充沛的實驗精神。」

孩子的問題越異想天開，你要越高興

我們總是迫切強求孩子多發揮一些創意，但遺憾的是，當孩子被迫發揮創意時，不僅會變得畏畏縮縮，而且我們所定義的創意，跟真正的創意根本差了十萬八千里。為了讓孩子問出具有創意的問題，我們反而必須擺脫創意問題的框架。

別對孩子的問題打分數，而是要為孩子營造出，什麼問題都能隨時提出來的氛圍，如此一來，孩子自己的想法與好奇心就會悄悄萌芽。即使孩子的說詞太無厘頭，也請父母盡量包容他們、聽他們說話，務必要培養與孩子持續對話的耐心。

追求獨一無二，而非頂尖卓越

一天下來，猶太人的姓氏在全球各地被提起的次數不下數千次。礦泉水品牌沛綠雅（Perrier）、三一冰淇淋、保養品品牌雅詩蘭黛（Estée Lauder）、美髮造型品牌沙宣（Vidal Sassoon）、牛仔褲品牌 Levi's、行李箱及背包品牌新秀麗（Samsonite）等，其實鮮少有人知道，以上所有品牌名稱，都是以猶太人的姓氏命名。

我們對猶太人的認識，多半是來自以色列和《塔木德》。《塔木德》中提到猶太人的智慧與處事哲學等，能使我們學到諸多教訓。猶太人的創意是以閱讀、提問、討論、融合、匯合，及不分地位高低的提問文化為基礎，而家庭教育則是以上一切事物的起點。

猶太父母不期望子女當第一名，他們相信上帝賦予了每個人與眾不同的天賦。**只有一個人可以當最頂尖的人，但每個人都可以成為獨一無二的存在**。

在韓國，父母都想養出第一名的孩子，並且極為關注法官、檢察官、醫師等特定職業。然而，猶太人會保有小孩的才華與特質，協助孩子在金融、資訊科技、學術、醫療、餐飲等各領域中，發揮自己的長才。

雖然韓國也流行自我導向學習，但教育方式仍有別於猶太人。多數猶太人所就讀的國小、國中及高中，除了必修的基礎科目之外，學生可以自己安排時間表，低年級時可以將重心放在學習喜愛的科目，高年級時則著重於有待加強的科目上。

再者，猶太父母不斷教導孩子「大家要一起變好」的觀念，而非自己有所成就即可。他們會告訴孩子，別把別人當作競爭對手，而是要將對方變成合作對象。猶太人對於成功人士捐出自己的收入、造福下一代這件事，已經司空見慣了。

在歷史上，有一名猶太人將創意與事業接軌，那個人就是牛仔褲品牌 Levi's 的創辦人李維．史特勞斯（Levi Strauss）。他在一八七三年五月二十日取得牛仔褲的專利權，為自己賺進大把鈔票。

在一八三〇年代，有人在美國舊金山一帶發現金礦。後來，淘金者一窩蜂的前往舊金山尋找金礦，周圍簡直變成了帳篷集散地。可是，真正找到金礦的人寥寥可數。人們蜂擁而至後，當地開始出現村莊及做生意的人，尤其能解決食衣住等需求的商家特別受歡迎。

猶太裔德國人史特勞斯考量到礦工們容易磨破褲子，於是便用常見的帳篷帆布，設計出堅韌耐磨的工作褲。礦工們為了賺大錢而聚在一起，但是真正賺到錢的，卻是設計出礦工褲子的人。我們能從此一事實中學到什麼呢？

許多專家建議我們使用水平思考（lateral thinking）的方式解決問題。所謂水平思考，就是採用較不直接且富有創意的方式來解題，藉以取代顯而易見的答案。這種方式跟傳統的邏輯思維大相逕庭，著實令人驚訝。

愛德華．狄波諾（Edward de Bono）是提出水平思考的先驅，他以水平思考的例子來談論《聖經》中「所羅門的審判」一故事：自稱是孩子母親的兩位婦人，來到所羅門面前爭論不休，為此苦惱的所羅門，最後決定用刀將孩子劈成兩半，再分給兩位婦人。

從邏輯思維的角度來看，這絕對稱不上是令人滿意的答案。如果採用的是傳統的問題解決方式，第一步會先確認孩子的長相與哪位婦人較為相似，再透過提問的方式，從兩位婦人中找出確切了解孩子特徵的人。

然而，所羅門卻用不同的方式解決這個問題。

「當孩子的性命安全受到威脅時，誰會不惜犧牲自己來保護孩子呢？」所羅門仔細觀察這一點後，再藉此找出孩子的親生母親。

我們該怎麼做，才能像所羅門一樣充滿智慧？狄波諾說，在面臨問題的當下，應先撇除自身的立場，往後退一步、跟問題保持距離，這樣就會發現我們深陷問題當中時，未曾看見的可能性，而這正是「當局者迷、旁觀者清」的原因。

3 猶太人不背九九乘法表

有句猶太諺語說：「**有一百名猶太人，就有一百個想法。**」意指每個人都有自己的個性，而每個孩子也各自擁有不同性格與天賦。

因此，我們必須用長遠的眼光來觀察他們與生俱來的個性，不該用同一把尺來衡量每個孩子。

在與眾不同的好奇心與想像力的幫助下成長，才能造福孩子的未來。

再者，如果每個人都擁有獨樹一格的才華，這樣大家就能尊重對方的能力，共同生活下去。

這就是猶太父母對教育所抱持的基本看法。為了協助孩子學習、成長，他們會找出適合不同孩子的教育方式。因此，《塔木德》中才會提到：「教導子女前，請先解開纏住眼睛的手巾。」

九九乘法表不硬背，才能發展創意

學生時代的我們，把九九乘法表背得滾瓜爛熟，不是順著背就是倒著背。如果背不起來，連家都不用回。因此，只要一出題，我們只需要不到〇・一秒的時間，就能得出答案。

算得快固然是好事，可是在尋找正確答案的過程中，我們並沒有用大腦思考，導致腦中沒有任何想法。因為這麼做無法思考，所以**猶太人不背九九乘法表。反之，他們選擇在多年間反覆教導九九乘法的原理**。

舉例來說，如果要算出九公分乘以六公分會得出多少面積，我們的做法是，利用九九乘法表中「九六五十四」的口訣，立刻得出答案。

猶太人的做法是先放九顆圍棋棋子，接著增加為六排，再一顆一顆計算；或是用尺畫出九公分和六公分，接著分割成一個個格子，再一格一格數。

大家的解題方法都不同。猶太人會讓孩子自己找出方法，而這樣的做法，會被孩子內化為生活的一部分。更重要的是，猶太人會請孩子上臺發表。這麼做的話，其他坐在臺下的學生也會想出其他方法。

比方說，如果有二十位學生要找出九公分乘以六公分能得出多少面積，一個人可能只找得到一種算法，但是上臺發表時，還包含了其他人的想法，至少可以共享二十種算法。因此，猶太人才有辦法找出兼具創意又保有個性的解答。

不用送孩子學才藝，而要栽培個性

不尊重、不懂得接納孩子個性的父母，總認為要完全仿照他人的教育方式，才能擺脫自己內心的不安。所以，他們從週一到週六，都為孩子安排密密麻麻的課表，一下子帶孩子去這間補習班，一下子又去另一間，徹底掌控了孩子的時間。

如果父母飽受「小孩要有拿手專長」的壓力所折磨，孩子的好勝心會不斷受到刺激，導致孩子產生「唯有領先他人，才能得到父母肯定」的想法。

相反的，聰明的父母不會讓子女陷入充滿競爭的環境裡。他們會接納孩子的個性，而不是拿自己的孩子跟其他人比較，更不會用「我的孩子比不上別人」的眼光看待自己的小孩。

以美國時裝品牌ＣＫ的創始者卡爾文．克雷恩（Calvin Klein）為例，克雷恩的奶奶是裁縫師，他從小就會跟在奶奶身邊，縫製洋娃娃的衣服，也喜歡在紙上設計衣服，或畫下媽媽的素描。他的夢想跟同年紀的男孩子不一樣，升上高中後，他依舊喜歡設計女性服飾。

為了讓兒子做自己喜歡的事，他的媽媽二話不說，便將他送至設計學院。假如克雷恩的父母不是猶太人，而且又出生在亞洲，會怎麼樣呢？當時由男性設計女性服飾的工作並不多見，但多虧猶太媽媽支持他做自己喜歡的事，他才能建立舉世聞名的時裝品牌。

天才是怎麼誕生的？從生活中觀察

我們都知道創意的重要性，可是要變得有創意並不容易。想變得有創意，必須先尋找能產生創意的源頭；而且越是專注在創意的本質上，創意就會更加豐富。再者，創意不是局部性的，而是透過整合與融合才得以形成，所以，將截至今日所學到的一切事物統合起來，就是培養創意的途徑。

不是單靠一次努力就能培養創意，而是必須透過完整的學習才能學會；不是心存僥倖就能獲得創意，而是得經過長時間的努力，才能得到豐碩的果實。意第緒語中有一詞「Yiddishe Kop」，意指猶太人的聰明才智，表示猶太人與生俱來的直覺、靈活的思維模式、問題解決能力。

一名在森林中探險的獵人，發現數個掛在樹上的標靶，而且每個標靶的正中心都插著一支箭。

獵人為此感到十分震驚，好奇到底是誰擁有如此高超的箭法。為了找到射出弓箭的人，獵人在周遭環境仔細搜索著。

最後，發現弓箭手的獵人向他問道：「你如此精準的射中標靶，祕訣是什麼？該怎麼做才能像你一樣會射箭呢？」

弓箭手接著說：「那還不簡單。我先把箭射出去，接下來才畫上標靶。」

創意的發想並不複雜，只要從問題的本質切入，就能輕鬆找到，其實非常簡單。現代的天才逐漸減少，大多數我們熟知的偉大天才，全都活在文藝復興時代。文藝復興指的是十四世紀至十七世紀，於歐洲發生的文化運動。期間古代希臘與羅馬文明重新復甦，同時產出諸多新文化運動，囊括了思想、文學、藝術、建築等範疇。

「Ad fontes」是文藝復興運動的核心，意指回到源頭、回到起點。在這個時期，在各個領域皆誕生了許多天才，而一切都是人們專注在根本問題上，才得到的成果。

宗教改革也是從文藝復興運動中發跡的。當時，許多天才在象徵源頭的《聖經》中獲得靈感，藉此創造出藝術與文學作品，但丁（Dante Alighieri）、米開朗基羅（Michelangelo）、拉斐爾（Raphael）、達文西（Leonardo da Vinci）等人，均是如此。

除此之外，在文學與音樂的陶冶下發揮創意的林布蘭（Rembrandt）、梵谷（Vincent van Gogh）、巴哈（Johann Sebastian Bach）、韓德爾（George Frideric

Handel）、莎士比亞（William Shakespeare）、狄更斯（Charles Dickens）、托爾斯泰（Leo Tolstoy）、杜斯妥也夫斯基（Fyodor Dostoevsky）等我們熟知的天才，也都是因為專注於世界的本質，才能創作出偉大又兼具創意的作品。創意與是否新穎無關，而是和尋找事物的根本有關。

不是只有在學校才能學習，也不是只有透過書才能學習。我們生活的一切，就是一本能夠學習的好書，生活周遭的一切都是值得學習的教材。

諾貝爾生理學或醫學獎得主亞歷山大・佛萊明（Alexander Fleming），目睹在戰爭中因細菌感染而截肢、甚至全身腐爛的士兵後，他開始尋找解決之道。有一天，放完暑假回到研究室的佛萊明在巡視四周時，發現自己放在室溫下的盤子長了黴菌。

仔細觀察盤子後，他明白了一件事：細菌不會在發霉的地方繁殖。盤尼西林就是這樣誕生的，過程完全是偶然。從一九四四年起，盤尼西林被大量用於戰場上，士兵們再也不用擔心被細菌感染。而備受肯定的佛萊明，也因此獲頒諾貝爾獎。

像這樣在歷史上留下輝煌紀錄的偉大發現，大多數都來自生活中的瑣碎小事。

阿基米德（Archimedes）在洗澡時發現浮力的原理；牛頓（Isaac Newton）在蘋果樹下休息時，發現萬有引力定律；獲得諾貝爾物理學獎的斯特恩（Otto Stern），也是從抽雪茄時吐出的煙霧得到靈感，才發展出斯特恩—革拉赫實驗（Stern-Gerlach Experiment，證實原子角動量量子化），為物理學界作出重大貢獻。

只要能專注觀察細微的事物，便能在其中找到真理。拓展我們的視野後，學習將會成為一件有趣的事，所以請睜大眼睛，好好觀察我們的周遭。無窮無盡的大自然中，有多少奇妙的事？越是細心觀察，就越容易發現值得學習的事物。

其實學習的方法很簡單，思考我們所觀察到的事物，再將我們思考的內容說出來即可。觀察需要十足的好奇心與想像力，而孩子學習的起點就是觀察。因此，該如何細心、謹慎的解決當下面臨的問題，比什麼都來得重要。

4 世界需要冒險家，而非模範生

根據猶太人的「tikkun olam」信念，世界被創造出來時，並不是完整的，而是要透過改變與修復才會變得完整。所謂的 tikkun olam，是猶太教信仰的基本原理，意指「修復世界」。身為上帝的夥伴，人類有責任改善世界，並使之得以完整。

雖然上帝創造了世界，可是世界仍處於未完成的狀態，上帝沒有說創造世界的工作已經結束，而是持續在創造中。正因如此，為了完成創造世界的工作，人類必須不斷付出行動，協助上帝創造並修復世界。

這是猶太人的「現代版彌賽亞」思想。他們認為自己必須成為彌賽亞，合力完成這個世界，而不是等待彌賽亞某天現身並拯救世界。正是這個想法，讓猶太人得到富含創意的評價。

因此，猶太教認為，治好因創造時不完整，而受各種疾病所苦的人很有意義，所以，行醫被認為是一件很有價值的事。盤尼西林、鏈黴素（Streptomycin）、小兒麻痺疫苗、胰島素等，全都是由猶太人研發出來的醫藥品。不單單在醫學領域，這樣的想法也跨越各個領域，貫穿猶太人的整體思維。

從這一點來看，對猶太人而言，學習即為審視上帝旨意、讚頌上帝，教育本身就是信仰。因此，猶太教堂的主要功能也在於提供信仰者一個可以研讀《妥拉》與《塔木德》的場所，所以，猶太人才會被稱為學習的民族。對他們而言，學習是人生中最重要的價值所在。

用自己的夢想，讓世界變得更好

前面提到，猶太人有著「修復世界」的信念。上帝創造了尚未完成的世界，因此，猶太人認為，上帝就是為了要完成這個世界，才創造了人類。

他們堅信，身為人類，每個人都應該發揮自己的才華與能力，當一個負責的上帝助手，努力共創更美好的世界。這是猶太人存在的理由，也是猶太人必須不斷邁進的人生方向。

透過閱讀《妥拉》與《塔木德》，這樣的思想會從父母身上傳承給孩子，如果問參加成年禮的猶太孩子：「人類為何而活？」大部分的人會不約而同的說：「為了修復世界。」不過，猶太諺語說：「有一百名猶太人，就有一百個想法。」所以聽到如此一致的回答，難免會感到詫異，但若說修復世界是猶太人的最高價值，那就不足為奇了。

猶太人之所以閱讀《妥拉》與《塔木德》，並堅守安息日、做慈善、吃潔食這三大原則，都是為了實踐此一理念。

為了教孩子做慈善，並儲存將來要捐獻的金錢，猶太人會從孩子還年幼時，便替孩子準備存錢筒。猶太戒律中提到，猶太人必須做慈善，就算家境貧窮，也有盡慈善之義務，沒有例外；連孤兒寡婦等社會弱勢族群，也必須堅持此原則，因此，即使貧窮，也有義務幫助比自己更貧窮的人。

在猶太人的認知觀念裡，像這樣的慈善行為，即屬於修復世界的一部分。創辦臉書（Facebook）的馬克·祖克柏（Mark Zuckerberg）是猶太人，他的夢想是將資訊完全公開共享，使所有人藉此緊緊相連，不讓任何人被排除在外。他的初衷是希望人類透過這樣的連結，活得更自由、更有人情味。所以，他為了讓沒有網路的窮鄉僻壤也能連上網，致力於使用人造衛星與無人機來連結全世界。

谷歌創始人佩吉的夢想，是讓所有人的口袋中，都隨身攜帶著能上網的電腦，以便人們隨時搜尋並共享資訊。為了實現這份夢想，安卓（Android）行動作業系統才會誕生。而為了連結更多資訊，他同時也研究人工智慧。

他們的夢想，可說是猶太人修復世界的最佳案例。

毫無理想的教育，使人看不到未來

「這個孩子非常用功讀書，總是讀到廢寢忘食。」某村民向拉比如此介紹某位只知道讀書的孩子，聽完這句話的拉比回答：「這個孩子對未來所知甚少。」

聽到這句話後，村民向拉比詢問原因，拉比說：「只知道讀書，卻沒有花時間思考，又能懂些什麼呢？」

猶太人鄙視毫無理想的教育。打造能受上帝祝福的世界，是猶太人的理想，因此猶太人認為打造美好的世界，就是在履行上帝的旨意。為了打造上帝賜福的美好世界，他們教育子女時，會鼓勵孩子追求那般理想。

猶太父母從小就會教導孩子：要創造更加美好的世界。因此，他們培育出許多改變世界的人才。他們從來不曾忘記，若想得到祝福，就得讓賜福於人類的上帝，先認同自己。

猶太人利用獨創的方式，化貧窮為富有，化不幸為祝福。儘管遭受折磨、迫害，並被迫離散各地，但最終他們仍重現了欣欣向榮的光景。《猶太人的歷史》（*A History of the Jews*）的作者保羅．約翰遜（Paul Bede Johnson）表示：「猶太人之所以能再現繁榮的光景，是遷徙所帶來的恩惠。」

從經濟的角度來看，猶太人擁有許多將劣勢轉為優勢的案例。中世紀與近代初期，猶太人總是處於危險之中，不知何時會被社會驅逐，或是財產遭到沒收。然而，在這樣的窘境下，猶太人發揮修復世界的精神，建立起有價證券、不記名債券等全新制度，不但克服了險境，也成功適應現代資本主義的變遷。

哈柏露塔式討論

沙漠中的存亡，水壺裡的水該給誰喝？

有兩個人一起橫越沙漠，但只有其中一個人有帶一壺水，另一人沒有攜帶水壺。如果共喝那一壺水，兩個人必死無疑；如果其中一個人把水壺裡的水全部喝完，那個人就能活著抵達下一座城市。假如你是那位帶著水壺的人，你會怎麼做？

——EBS電視特輯〈猶太人教育〉影片

- **回覆一**

我會自己喝。如果我身上有帶水，我就會自己喝，因為另一個同伴最後也是死路一條。

● 回覆二

我會試著找找看有沒有綠洲，這樣說不定兩人都可以活下來。

● 回覆三

我會先詢問同行的夥伴，是否為一名父母，如果對方需要承擔的責任，比我來得重大，我會把水讓給對方。

● 解說

為了讓自己活下來，是否能夠眼睜睜看著他人犧牲性命，是這裡要探討的論點。事實上，這篇內容是拉比之間爭執不休的問題之一。

而拉比們得到的結論是：「握有水壺的人有權利保住自己的生命。」保住自己的性命，抵達下一座城市後，人們便會知道發生了什麼事。也許有些人會指責說：「怎麼只有你一個人活著歸來？」但村民們不會劈頭就是一頓責罵。

對此，猶太拉比是這麼解釋的：保住自己的性命是人之常情，遇到這種突如其來的狀況，也沒有別的辦法。另一個說法是，準備充分的人理應享有優先權，因此，帶水壺的人擁有決定權。

第六章

右手懲罰孩子，左手擁抱孩子

1 從小就要參加夏令營

猶太人的夏令營活動之所以重要，是因為它能促進兒童之間的友誼，同時也能增廣人脈，這就是所謂的猶太網路。猶太人的兒童夏令營，不局限於單一國家的猶太人參加，其對象也包含世界各地的猶太孩子。

從世界各地聚集而來的孩子，會在營地裡一起生活、學習相同的文化、熱愛自己的民族，並對於自己身為猶太人感到驕傲。而且，讓幼童一起體驗群體生活、跟同儕和諧相處，也能自然的培養社交能力。

將孩子送去夏令營，同時能讓分散在世界各地的猶太孩子相見並相識。儘管大家來自他鄉，卻能感受到認同感，並了解自己的本質。日後即使長大成人，也能繼續維持族群間的網路。

於西元前，其他民族多半目不識丁，不過猶太成年男性早已識字，擁有超越時代的強大競爭力。如此豐沛的知識，是他們成為學者、醫師、商人的重要財產。

再者，身處異地的他們，逐漸組織屬於自己的群體，再透過群體間的書信往來，詢問和回答宗教相關的疑問。在這樣的發展之下，他們越來越擅長透過書信來蒐集及運用商業情報。

這些情報足以操控市場的每一筆交易，這也是猶太人能靠經商與金融功成名就的原因。他們能洞察各國匯率、了解特定商品的供需趨勢，靠的也是猶太網路所提供的情報，他們會利用這一點，搶先他人大賺一筆。

初期，猶太人不僅以血緣為根基建立通商網路，同時也搭建起能迅速連結彼此的輸送網路。

他們靠書信互通有無，從利弗諾（按：義大利西岸第三大的港口城市）、布拉格、維也納、法蘭克福、漢堡、阿姆斯特丹，一直到波爾多（按：法國西南部城市）、倫敦、紐約、費城，猶太人在這些中心地帶，充分利用他們建立起的高效率情報網。

猶太人有一個特別的習慣。由於猶太人的安息日是從星期五的日落開始，比基督教的主日（按：即星期日）早了一天以上，因此，他們可以在安息日結束時（按：星期六的日落）開始工作。

於星期六傍晚，先安排好一星期的工作，然後以此為根據，在星期日正式展開工作。當天，散居在世界各地的猶太人會交換重要資訊，星期日下午再以拉比或各領域專家為中心，分析從海外蒐集來的資訊，然後才決定該週的重要行動計畫。

建立猶太會堂，不分地位高低

截至今日，猶太人的宗教教育，不僅構成猶太人的共同信仰，也是他們精神力量的來源。西元七〇年，耶路撒冷聖殿被摧毀後，猶太人開始過著流亡的生活。

然而，散居世界各地的猶太人不論去到何處，首要之務就是興建他們的教堂——猶太會堂（Synagogue）。猶太會堂是猶太教的教堂，同時是學習的場所，以及猶太社群的核心。

猶太會堂與一般基督教會相差甚遠。跟基督有關的教會或教堂裡，會有牧師或神父，由他們主持禮拜儀式；佛教的寺廟裡也有和尚。可是，猶太會堂裡沒有這樣的人物，只有拉比。

拉比不是神職人員，而是一般信徒，身為學者的拉比學識淵博，既是猶太社群的領導者也身兼法官。猶太人遇到困難時，拉比會變成他們的朋友，提供人生諮詢服務。

在猶太教的觀念裡，他們認為守護宗教不是神職人員的責任，而是每個人都有守護宗教的義務與責任。因此，拉比不認為自己比信徒更虔誠，也不會以高高在上的方式講道或主持儀式。

懂得合作互助的精神，社會才能茁壯

猶太人有「四海一家」的強烈民族意識，他們認為這是上帝的命令。因此，於羅馬時代，猶太人分散各地後，猶太先賢便開始尋找既能保護散居各地的猶太人、又能維持宗教一致性與民族同質性的方法。

後來他們制定流散（Diaspora）守則與團體組織相關規定，所有猶太社群皆須遵守。該守則包含七項重要規定：

一、如果有猶太人被抓去當奴隸，鄰近的猶太社群必須在七年內將對方贖回。

二、一律閱讀祈禱文和《妥拉》。

三、社群裡若有十名以上超過十三歲的成年男性，必須舉行宗教聚會。

四、社群裡若有一百二十名以上的成年男性，必須建立自己的信仰中心，並遵守猶太律法。

五、社群必須建立自己的稅制，以免面臨所在國家的財政負擔，並事先儲備急用金。

六、社群若忽視貧窮到無法教育子女的猶太人，為違反猶太律法。任何猶太人都有權尋求和接受猶太社群的幫助。

七、社群有義務建立、維持及管理自己的子女教育機關，讓家境貧窮的孩子免費接受教育，並建立獎學制度以培育人才。

這樣的守則早在西元前就已經建立，並融入猶太人的身心之中，一路傳承下來。這些守則的最大要點就是：猶太人都是自己的弟兄，每個人都有責任保護弟兄的安危。

這樣的猶太社群意識，使猶太社會得以順利發展，並將世界各地的猶太人緊緊繫在一起。靠著團體的合作互助精神，猶太人才能在輾轉曲折的歷史中倖存下來，並引領全球經濟向前邁進。

2 想斥責孩子時，讀讀這篇

因孩子犯錯而大發雷霆時，猶太父母絕不會責罵孩子，而會唸以下禱告文：

請賜予我指導孩子的智慧，
以讓我替孩子解惑、解決諸多親子衝突，
並遵循律法繼續好好生活。

每當我火冒三丈、想用責罵和鞭策的方式，
來踐踏孩子的靈魂時，
請賜予我能克服一切的自制力。

請讓我對不耐煩、悲傷、痛苦的情緒，
以及小小失誤與不適的感受視而不見；
請賜予我更多的耐心，
以及比耐心還要再多更多的耐心；
請讓我們都能感同身受，
使孩子明白我正在努力了解他們的想法與心情。

每當感到痛苦與挫折的時候，
請讓我永遠記得，
初次得知孩子存在時的喜悅、
孩子第一次學走路時的興奮、
以及第一次擁孩子入懷的欣喜。

請賜予我健康的身體，

讓我在感到精疲力盡時，也能起身照顧孩子；
請賜予我面對人生的喜悅、歡笑與熱情。

請憑藉信念與正向力量，讓我充滿自信；
請賜予我保持沉默的權利，
避免惡言惡語和譏笑怒罵傷害了孩子的靈魂。

請賜予我接納孩子所有面貌的包容力，
並讓我在深愛孩子的同時，
也能一併愛著自己內在的那個孩子。

透過禱告找回平常心後，猶太父母才會和孩子對話。
藉由詢問，而非教訓與責罵，跟孩子聊一聊為何會犯錯，以及該怎麼做才好，
並給孩子時間自行思考與反省。

縱使遇到需要體罰孩子的情形，父母也不會提高分貝說話，而是繼續與小孩對話。孩子看到父母願意傾聽自己時，心裡就不會感到委屈。藉由雙方慢慢對話的過程，孩子會承認自己犯下的過錯，並真心懺悔。

其實從父母的角度來看，由於孩子涉世未深，所以每當他們遇到問題時，我們總是習慣出面為孩子解決。可是，猶太父母會靜待孩子自行解決問題，因為猶太父母認為，小時候犯錯，總比長大後才犯錯來得好。

猶太教育的核心，是讓兒童懂得自主思考、表達自我，而這樣的教育能夠成功，都要歸功於父母的無私與忍耐。

心理暴力比肢體暴力更傷人

父母往往認為，口頭責罵的處罰方式比體罰來得輕微，但事實並非如此。對孩子而言，相較於肢體暴力，其實責備、侮辱與破口大罵，才更容易造成負面影響，心理暴力造成的傷害，遠遠超過肢體暴力。

除此之外，心理暴力還包含用極端言語侮辱子女、推卸責任，或施加身體上的威脅等，而這一切將會在孩子身上留下永久的傷痛。

挪威某研究機構的研究結果顯示：比起肢體暴力，心理暴力會造成更嚴重的心理創傷。未受到妥善照顧或曾遭受心理暴力的受害人，成年後非常容易罹患憂鬱症，而且也容易感到不安。

所謂的未受到妥善照顧，指的是在成長過程中，沒有得到應有的關愛與呵護，而心理暴力指的則是父母嘲笑孩子、讓孩子感到丟臉，或是說孩子不乖等。當這些行為在家庭中成為常態時，長期暴露在這些情況下的孩子，將會因心理創傷而受盡折磨。

在責罵孩子時，父母仍應堅守以下原則：

第一，父母不可以在生氣的狀態下指責孩子。有句猶太格言說：「在氣頭上的人，無法教育任何人。」父母必須待憤怒情緒沉澱後，再靜下心來指出子女做錯的行為。

第二，**父母必須當場糾正子女的錯誤行為**。將子女犯下的失誤悶在自己心裡，事後再一次攤開來講，並不是一個好方法。

第三，責備孩子時，**不應該只看後果，應仔細檢視原因**，再教訓孩子。孩子受挫時，為了讓自己感到安心一些，可能會做出錯誤的行為。因此，孩子的行為究竟是偶然發生的，還是因需求無法得到滿足，才衍生出錯誤的認知，父母必須弄清楚再處理。

最後，父母必須注意言辭是否恰當。責備孩子時，父母容易因情緒激動而說出「總是、絕對、真的是、一定」等誇張用詞。如果聽到「你這孩子怎麼總是這副德性」、「你真的是無可救藥了」等責罵，孩子會覺得自己的人格受到侮辱，因而變得更加叛逆。

「右手懲罰孩子，左手擁抱孩子。」——《塔木德》

這句話意味著，父母斥責、處罰完子女之後，務必在事後對他們表達自己的愛。如果處罰完之後，沒有拍拍孩子、安慰他們一下，失落、厭惡、恐懼等負面情緒，將就此埋藏在他們心中。如果父母能用溫暖的親情擁抱孩子，他們便能脫離負面情緒，回到心平氣和的狀態。

「責備孩子後，就寢時別忘了溫柔以待。」——《塔木德》

一天下來，如果有令孩子感到害怕或傷心的事，猶太父母會當天處理好這些情緒。即使剛剛才嚴厲指責過孩子，他們也會在子女就寢時，撫慰他們受傷的心靈。如果不這麼做，孩子很有可能會哭濕了枕頭後才入睡。

睡覺時，若父母能溫柔的守護在小孩身邊，便能讓他們的心靈獲得安定的力量。如此一來，孩子就能掃去一天下來累積的緊張與擔憂，安穩的進入夢鄉中，隔天再以愉快的心情，展開嶄新的一天。

《舊約聖經》中提到：「上帝藉由白晝與黑夜創造出一天的週期。」猶太人會根據此週期，在夜晚整理一整天發生過的事情後再就寢。這麼做，他們才能忘掉當天發生的壞事，並迎接全新的早晨。

比方說，小孩在家裡的牆壁上塗鴉時，見到這樣的行為，父母通常會說「不可以畫」、「你到底做了什麼好事？」因此孩子很常看到發怒的父母。

可是，猶太父母會說：「牆壁不是用來塗鴉的，想要畫畫，應該畫在圖畫紙上。還有，清理牆壁可是一件苦差事喔！」他們不會處罰孩子，反而進一步思考孩子這個行為的原因，只將這件事情的後果當作問題看待。

他們絕對不會說出「有夠笨的」、「又搞這一齣」等傷害子女人格的話語。假如父母常常發脾氣，孩子的情緒也會變得很不穩定。相反的，如果父母教導孩子時能拿出耐心、沉著以對，這同時也是在培養孩子的耐心。

一般來說，**孩子犯錯時**，這麼做是最理想的：在子女鑄成大錯的情況下，猶太**父母會暫時沉默不語，然後注視孩子的眼睛三秒鐘**。發生突發狀況時，只要三秒鐘不說話，孩子也能明白自己做錯事了。所以，他們會一直盯著父母看。

這時，根據父母所做出的反應，孩子的表現也會有所不同。舉例來說，如果父母大喊：「喂！不准畫！」孩子便會在充滿否定話語與負面情緒的環境中成長。

但是，如果把孩子關在房間裡，孩子會不知道自己做錯了什麼事，因而喪失了解原因及反省的機會。

因此，如果孩子闖禍或是發生了什麼事，建議採用以下做法：

第一步驟：沉默不語三秒鐘。
第二步驟：你還好嗎？
第三步驟：發生什麼事了？
第四步驟：該怎麼做才好呢？

儘管這麼做並不簡單，但身為父母的我們，只要能帶著耐心、改變說出口的一句話，孩子的個性及人生，都會變得非常不一樣。

3 正直，是最不能放棄的品格

拉夫的兒子希亞非常孝順，以下是希亞的故事：

拉夫的妻子常常欺負拉夫，如果拉夫請妻子為他煮紅豆湯，她就會煮綠豆湯；如果請她煮綠豆湯，她就會煮紅豆湯。

拉夫的兒子希亞長大後，會把父親說的話轉告給母親，但他會說反話。也就是說，父親如果想喝紅豆湯，他就會告訴母親：「父親想喝綠豆湯。」

某一天，拉夫對兒子希亞說：「你媽媽變好了，都煮我想吃的食物。」

希亞回應：「那是因為我為了讓爸爸喝到想喝的湯，向媽媽說反話的關係。」

然而，父親不僅沒有對兒子表達感謝之意，還說出「細漢偷挽瓠，大漢偷牽牛」這種話，嚴厲指責這樣的行為。

因為，《塔木德》中提到，人死後見到上帝時，被問的第一個問題是：「你上輩子做人是否正直？」

別讓孩子為你撒小謊

家裡電話響起時，有時候，媽媽會請孩子轉達：「媽媽不在家。」但這樣的話，其實不適合用來教育孩子。這會讓孩子認為，只要情況改變了，任何時候都可以說謊。

唯有正直的人，在面對這個世界時，會展現十足的自信，父母應如此教育孩子才對。而且，對子女許下做不到的承諾，就如同在教他們說謊，因此，父母必須更加謹慎才行。

有一名拉比以砍柴為生，為了搬運木柴，他買了一頭驢子。

有一次，他將驢子牽到溪邊，要為牠洗澡時，一顆鑽石從韁繩縫隙間掉了下來。他的門徒皆為他感到欣喜若狂，認為拉比可以就此擺脫窮困潦倒的砍柴生活，有更多時間跟大家一起讀書。

但，拉比卻將鑽石還給商人，並說：「我只有買驢子，不曾買過鑽石。」不將自己不曾買過的物品占為己有，是猶太人的傳統。

——《塔木德》

二〇〇八年，美國華爾街發生最嚴重的詐騙案，猶太社會因此掀起一陣狂瀾，因為這起高達五百億美元的龐氏騙局，主謀不是別人，正是那斯達克股票交易所（NASDAQ）董事長出身的猶太人伯納，馬多夫（Bernie Madoff）。天文數字般的損失金額不是最大的問題，而是他打破了一向強調正直的猶太傳統。他從事詐騙行為數十年，此一事實令猶太人十分震驚。

馬多夫詐騙案的被害人名單中，包含電影導演史匹柏、諾貝爾和平獎得主埃利．維瑟爾（Elie Wiesel）等猶太成功人士。從小學習互相信任和正直精神的猶太人，做夢也沒想到竟會被同胞詐騙。《紐約時報》報導指出，馬多夫明明從小就在正常家庭中成長，卻犯下這樣的罪行。

猶太人從小接受做人要正直清廉的教育，在學校考試時，就算沒有監考人員，學生也不會作弊；進行商業往來時，他們會在簽訂合約前，觀察對方態度是否正直，而且一旦簽訂合約，就會無條件遵守。

用尺或磅秤測量時，應使用精準的量尺和秤錘，絕對不能騙人，這是他們從小習得的教育觀念。**「只要規規矩矩做生意，自然就會賺大錢」也是猶太人深信的理念之一，正直可說是猶太人最大的財富，也是金錢的根源。**

價值觀越來越扭曲的現代青少年

根據韓國興士團透明社會運動本部倫理研究中心所發表的「二〇一七年青少年正直指數」調查顯示，韓國青少年的倫理道德觀念是有問題的。

在這項以兩萬名國小、國中、高中學生為對象的調查中，有六一％的高中生曾抄過同學的作業，有四六％的人曾因不想借東西給別人，而對朋友撒謊。

不過，最令人感到震驚的調查結果是，有五五%的高中生回答：「如果給我十億韓元（按：全書韓元兌新臺幣之匯率，皆以臺灣銀行在二〇二一年八月公告之均價〇．〇二二元為準，約新臺幣兩千兩百萬元），就算坐牢一年也無所謂。」這項調查也揭露出「越接近成年的青少年，道德倫理觀念越差」的嚴重問題。

認為「為了錢，犯罪也無所謂」的學生超過半數，一想到十、二十年後，這些青少年將在社會的各個角落，擔任國家重要的棟梁，就不禁令人感到害怕。

假使教育無法替孩子建立正確的金錢觀與人生觀，人人都將為錢而瘋狂，我們的社會也會變得更加險惡，這也是品格教育急需徹底改變的原因。

4 做慈善不是選擇，而是一種義務

有句猶太格言說：「心靈貧窮的富人，沒有子女，那些人只是繼承人罷了。」猶太人對金錢的看法和觀念與眾不同。

他們的子女從小便唱著與慈善相關的歌曲長大，醒來與睡前、用餐前、安息日等不同時間，猶太孩子時不時就會將硬幣放入慈善盒（Tzedakah box，相當於我們的存錢筒）中。

金錢猶如肥料，
擺著不用就會發臭。
別成為金錢的奴隸，
要當金錢的主人，

最後再成為有價值的主人。

——《塔木德》

這份價值，不在於如何賺錢，而在於如何花錢。這邊所提到的價值，不是自己賺錢自己花，而是指將財富與自己人共享。

一旦孩子長大，便難以進行慈善教育，因此，必須從小就開始訓練。從宏觀的視野看來，這也算是品德教育。如果做善事不僅止於捐款，也必須留意該筆善款的最終流向，以及自己究竟在幫助什麼對象。

做善事的同時，孩子會意識到，有人過得比自己更辛苦，也會讓我們明白自己有多麼幸福，而那樣的心態會促使孩子成大器。

成功，
不在於我如何踩著別人往上爬，
反而在於我如何拉別人一把。

在這樣的過程中，
別人拉我一把，我也拉別人一把。

——喬治・盧卡斯（George Lucas）

鋼鐵大王安德魯・卡內基（Andrew Carnegie）曾說過：「無法使他人變得富有，那麼任誰也當不了富翁。」另一方面，柏拉圖（Plato）則強調：「唯有讓別人感到幸福的人，才能得到幸福。」先幫助他人得到幸福、獲得成功，屬於自己的幸福與成功，自然就會隨之降臨。

從這一點來看，雖然猶太人在日常生活中實踐的 Tzedakah 被譯為慈悲、慈善，但卻含有更深的涵義。Tzedakah 源自「Tzedek」一詞，意指「正義」。由此，我們便可窺見猶太人的想法，那就是：做善事等於做正義的事。

在猶太人所遵循的誡命中，做善事是最重要的一環，而猶太人因此成為最常捐獻的民族。由《彭博商業周刊》（*Bloomberg Businessweek*）所選出的美國前五十名捐款人中，有三八%為猶太人。

有些學校在招生時，也會將學生是否有落實慈善精神納入考量。美國麻薩諸塞州的私立名校菲利普斯學院就以此為名，知名校友包含美國前總統老布希、小布希，與多名諾貝爾獎得主。

社會貢獻是這所學校最強調的一件事，因此，申請人是否參與志願服務，是重要的考量基準。

以下為此校入學單位相關人員所強調的內容：「要找到成績優異的資優生並非難事，但我們在乎的是，該如何提升自身能力，才能夠幫助別人。領導者必須擁有為社會服務的經驗才行。」

對猶太人而言，關懷他人是上帝的旨意。因此，做善事和捐款，不值得向他人炫耀，而是理所當然的事。

教育專家指出，社會服務經驗豐富的孩子，對於自己的存在與行為抱有自信，也可以領導他人。

猶太人的孩子一出生，就接受慈善教育，而同時，幫助他人也是領導者必備的基本品德，所以，猶太人能培育出那麼多全球領袖，如此看來就不難理解了。

製作慈善盒，從小訓練孩子品德

應該先幫助誰呢？有趣的是，做慈善也有先後之分。第一順位，是一心同體的妻子。在幫助別人之前，必須先看妻子是否需要協助，或她是否礙於經濟因素，而被剝奪了權利或機會。在自己能力所及的範圍之內，必須甘願花錢在家人身上。

第二順位是年幼的孩子，也就是未滿十三歲、尚未參加成年禮的子女。下一個順位是父母，關心年邁的父母親經濟上是否有困難，或是基本生活是否還過得去。

接下來，是滿十三歲、已參加成年禮的子女，然後是近親。先關心兄弟姊妹，再將範圍向外擴展到叔伯子姪、堂兄弟姊妹、堂兄弟姊妹之子女、曾祖父相同的遠房堂兄弟姊妹等親戚。

韓國有句諺語說：「看到堂兄弟買地就眼紅。」意指因見不得別人好，而心生嫉妒。但是猶太人如果看到堂兄弟買地，他們會跟著一起手舞足蹈，因為堂兄弟生活過得順遂的話，自己也可望受惠。

猶太社會的親屬經營模式之所以發展得宜，原因就在於他們懂得互相提拔、彼此協助，並且誠心希望親屬都能事事順利，最後實踐敬愛妻子、子女、父母、兄弟姊妹、親戚、街坊鄰居，以及人類的道德理念，同時期盼全體人類能融為一體。

為此，猶太人到哪裡都會創立基金，以幫助定居於該地區的猶太人。對於居住在盛行反猶太主義之國家的猶太人而言，這樣的基金支助方式，成為一股莫大的力量。當然，猶太人也是為外國人捐了最多錢的民族之一。

他們認為，做慈善也是足以展現品德的行為。那麼，該如何幫助他人，才能展現品德呢？對猶太人而言，做慈善不是一種選擇，而是一種宗教義務。所以，他們做善事時，也會根據不同心態，將做慈善代表的品德分為八個等級：

第一級：勉為其難的幫助別人。

第二級：比起為捐而捐，金額雖少、卻真心的施捨。

第三級：受到他人的請求時，給予協助。

第四級：未受到他人的要求，便給予協助。

第五級：受惠者知道你的身分，但你不知道對方的來歷，卻依然給予協助。

第六級：你知道受惠者的身分，但對方不清楚你是誰，你仍給予協助。

第七級：在受惠者與捐助者互不相識的情況下，給予協助。

第八級：協助受惠者，使其能支撐自己、以自己的能力生活。

階級最低的是明明內心不太情願，卻勉為其難伸出援手的人，層級最高的則是協助受惠者自力更生的人。

最近，韓國出現了一對靠擺攤賣菜，賺了一大筆錢的老夫婦，表示要將四百億韓元的全部財產捐給高麗大學，消息一出感動了許多人。

不久前，曾任美國紐約市市長的猶太人麥克·彭博（Michael Bloomberg），捐出史上最大筆金額——十八億美元，給他的母校約翰霍普金斯大學，此舉震驚了全世界。

大學畢業時，曾捐出五美元給母校的彭博表示，為了讓有才華的學生專心向學、不為金錢煩惱，他才會做出這個決定。現在個人資產達五百億美元的他，雖然能捐出十八億美元，可是相較於此，他在身無分文時，捐了五美元給自己的母校，這件事反而更令人動容。

我們比任何人都來得重視子女教育，但和慈善相關的活動，卻遠遠落後他人。根據英國慈善援助基金會（按：簡稱CAF）於二〇一八年發布的全球慈善捐款指數顯示，韓國的慈善捐款指數為二二％，在一百一十四個國家當中倒數第五，比遭受戰爭浩劫的伊拉克，和人均GDP不到韓國二十分之一的緬甸低了非常多（按：於此一報告中，臺灣的慈善捐款指數為三〇％，位居第八十七名）。

順帶一提，緬甸的參與慈善捐款指數，位居全球第四。韓國人的捐款總額不僅少，而且對象多偏重於宗教團體，對教育機構的捐款尤其稀少，這跟韓國人重視教育的積極程度形成對比。

仔細想想，猶太人造就的最大貢獻，不是賺了多少錢或得到多少座諾貝爾獎，而是即使沒有自己的國家、被迫在世界各地遊蕩，而兩千年後他們卻沒有遭到滅族，依然倖存下來。他們之所以辦得到，全是因為猶太人對社會弱勢群體展現出的無限關懷。

曾有一個家庭仿效猶太人的教育方式，週末時家人齊聚一堂，並在用餐前，先把欲捐獻的金錢放入三個慈善盒中。其中兩個慈善盒，分別是為了爺爺奶奶和外公外婆存下來的，這些錢可以在父母節或長輩生日時，由孩子親自準備禮物，送給爺爺奶奶和外公外婆。

剩下的慈善盒，則可用來幫助有困難的人。將這筆錢存起來，並於聖誕節前夕，投入救世軍的募捐箱中或捐給慈善團體。舉例來說，將錢捐給為非洲難民設立的救助基金會，也是教育孩子的好方式。

特別的是，每個猶太孩子的慈善盒，材質和形狀都既特別又美麗。慈善盒可以運用各種方法製作，最簡單的方式就是利用喝完的牛奶盒、空罐子，或再利用牢固的紙箱。

尤其是在透明的果汁瓶身，黏上附有投幣孔的瓶蓋作為裝飾，孩子們肯定會對它愛不釋手。只要往裡面瞧，孩子就知道存了多少錢，而且這麼做，不僅能親眼看到硬幣投入慈善盒中，也能聽見硬幣掉入慈善盒中所發出的匡啷聲。

像猶太人一樣，在做完慈善盒後，跟孩子一起貼上捐款對象、目的、期限、目標金額等標示，更能鼓舞孩子做慈善的意志。

請你記住，
如果需要幫助他人，就用你手臂末端的那一隻手即可。
隨著年紀增長，你會發現自己為什麼有兩隻手，
一隻是幫助自己的手，另一隻則是幫助別人的手。
想擁有迷人的雙脣，請說出善意的言語；
想擁有美麗的雙眸，請看見別人的優點；
想擁有曼妙的身材，請與挨餓的人分享你的食物。

——奧黛麗．赫本（Audrey Hepburn），給兒子的信

「別人的關愛，能將自己從絕望中拯救出來。」赫本悟出了這個道理，因此晚年的她，全心全意投入助人之中。也是因為如此，她留存於眾人心中的模樣，大大超出她年輕時期的美貌。

5 孩子哭鬧，猶太爸媽會說：「我們一起聊聊！」

在耐力與毅力的加持下，今日猶太人得以被譽為成功的民族。他們花費七年一再研讀《塔木德》，能維持這樣的行為和習慣，非常需要耐心。

當孩子喊著「媽媽～爸爸～」時，父母也許會覺得孩子在哭鬧，但若站在孩子的立場想想，這也許是他們吸引注意力、請父母聽自己說話的方式。這時，猶太父母不會叫孩子走開，而是說帶有「**待會我們一起聊聊**」含義的「savlanút」（按：希伯來語，直譯為有耐心的、忍耐的）。

只要告訴孩子「等一下我聽你說，再一會兒就陪你玩」，即使他們哭哭啼啼的，也聽得進去。「一直哭」跟「聽完解釋再哭」，兩者截然不同，當父母說「等一下」時，孩子會明顯感受到，自己是備受尊重的說話對象。只要一再重複這樣的對話，親子間的相處方式便會產生巨大的改變。

無須責罵，只要不答應就好

某村莊有一位不肖之徒，常假扮為虔誠信徒、出現在教堂內。

有一天，拉比告誡他要改正自己的品性，男子卻說：「我是每天都會固定出現在教堂的虔誠信徒。」

拉比斥責：「我說你啊，不是天天去動物園就會變成動物，好嗎？」

在養育孩子的同時，猶太人相當強調秩序和禮貌。小孩還不會說話時，猶太人絕對不會帶孩子到外面用餐。他們這麼做，除了考量到孩子還無法體會在外用餐的樂趣之外，最主要的原因是擔心孩子在外面大吵大鬧、哭哭啼啼或跑來跑去，影響其他客人用餐。

把食物弄得到處都是、讓環境變得髒亂無比，店家老闆怎麼可能會歡迎呢？所以，在孩子懂得用餐時應遵守的禮儀，和在外面用餐的意義之前，猶太人絕對不會帶孩子外出用餐。

猶太人認為，將自己的身體清洗乾淨，並以端正的外貌見人，是做人應盡的義務。因此，他們會要求子女用餐前要清洗雙手、服裝儀容要端正、言行舉止應彬彬有禮。

我們必須讓孩子培養為他人著想、同理他人情緒的能力。當孩子在餐廳或電影院跑來跑去、大聲喊叫時，與其一味的指責孩子，叫孩子不要跑、不要叫，不如給孩子機會思考：「你跑來跑去的話，其他客人會有什麼感受？」

這樣的教育方式會更加恰當。另外，孩子的行為端正且有禮時，父母可別將這樣的行為視為理所當然，而是要給予讚美和鼓勵，告訴孩子：「你不但對長輩講話很有禮貌，也懂得問候長輩，媽媽看了很欣慰。」

小時候就有自制力的孩子，長大不僅很會讀書，出社會後也能成功。這樣的觀點，就是我們熟知的「棉花糖實驗」之結論。這一項實驗，從很久以前就被譽為教育學和心理學的經典之作。

於一九六〇年代末到一九七〇年代初，美國史丹佛大學心理學家沃爾特・米歇爾（Walter Mischel），以幼兒園的四到六歲孩童為對象，進行了一項實驗。他將孩子一個一個帶進房間後，給孩子看一個放有一顆棉花糖的盤子，接著跟孩子說：「老師出去一下（通常為十五分鐘），待會兒就會回來。在我回來之前，如果這顆棉花糖沒有被吃掉，我就給你兩顆棉花糖。」

六百多名幼兒園學生中，大部分的孩子在門關上的那一刻，就把棉花糖吃掉；沒有馬上吃掉棉花糖的三名孩子中，有一名孩子，等待了十五分鐘，最後多得到了一顆棉花糖。

這項實驗分別在一九八八年及一九九〇年陸續發表後續的研究，並引起一陣熱議。暫時忍住誘惑的孩子，在進入青少年時期後，不但認知能力佳、學業成績優異，連受挫力和抗壓性都很強。在二〇一二年所發表的後續研究中，這些孩子三十年後的健康狀態（以身體質量指數為基準）也相當良好。

若有一隻蝴蝶，被關在小小的玻璃箱中，而蝴蝶經常撞到玻璃，難道是牠在跟玻璃箱抗議嗎？如果玻璃箱再稍微大一點，結果就會不一樣。假如在裡面放入一朵鮮花，牠或許就會過得很舒適。

孩子亦是如此，我們究竟給了他們多大的空間呢？有時候，我們其實不需要責罵一意孤行又愛耍賴的孩子，只要不答應他們的要求就好。

「如果媽媽總是讓你想怎樣就怎樣，就養不出優秀的女兒了，我知道你很難過，但是媽媽必須教你如何忍耐。」

不是我們的孩子教不會，只是他們還沒長大。無論孩子是否能理解我們的用心良苦，他們仍舊在行為與心靈上，有了明顯的進步，如同孩子們會經歷生長痛一樣，身為父母的我們，也會跟著孩子們一起成長。

6 過度滿足小孩的欲望，也是家庭暴力

無論孩子再怎麼討人喜歡，過度滿足孩子的欲望，仍會導致孩子走向崩壞之路。總是說「我家小孩都不聽話」的媽媽，通常會以超前滿足、即時滿足、超量滿足的方式來達成孩子的需求。在這種教育模式下成長的兒童，往往沒有控制欲望的能力。

滿足欲望這件事，總共有五個階段：

延遲滿足→適當不滿足→超前滿足→即時滿足→超量滿足

延遲滿足和適當不滿足，是父母務必要教育孩子的部分。世上有許多不會按自己的意思進行的事，也有許多想做卻不能做的事，而孩子有必要認知到這點。

賢明的父母會和孩子一起制定規則，並要求孩子遵守自己所訂的規則。透過這樣的方式，讓孩子從小培養勇往直前的精力與耐心。

以色列的教育學家認為，逆境商數（AQ，評估一個人處理壓力或挫折的能力）跟智商（IQ）與情商（EQ）一樣重要，甚至打包票表示，**智商對成功所造成的影響只有二〇%，其餘的八〇%，取決於逆境商數和情商**。

以色列的某經濟雜誌，每年都會發表東山再起的企業家名單，而這些人都有一個共同點：他們遇到困難或身處逆境時，始終都會保持樂觀的態度，絕不輕言放棄。換句話說，他們是逆境商數相當高的人。

世界上沒有永遠的勝利者，當然，透過成功的經驗來培養孩子的自信心固然重要，但成功永遠與失敗共存。失敗時，沉著面對、不氣餒，這是父母務必提醒孩子的真理。

為了讓孩子明白，人生是一段克服無數逆境與挫折的過程，猶太人會讓他們接觸許多偉人傳記，當他們對挫折有一定的認識後，再教導面對挫折的方法。

他們會這樣教育孩子：「經歷挫折，不代表你就是失敗的；未經歷挫折，也不代表你就是成功的。孩子啊，越早經歷挫折，能得到越大的收穫。如果在人際關係上遇到挫折，這時，需要超越的對象不是別人，而是自己。為了超越昨日的自己，請再加把勁。」

專家警告，**如果父母總想避免孩子累積失敗經驗，便會養出容易受挫的孩子**。假如父母什麼事都替孩子解決，孩子便會變得過度害怕失敗。

韓國天主教大學附設首爾聖瑪麗醫院院長金永勳，在新聞採訪中說道：「在成長過程中，透過經驗領悟真理，孩子才會知道該如何行動。如果父母為了避免孩子陷入危險之中，而搭起防護罩，孩子長大後，就會不知道該如何面對困境。」

梨花女子大學幼兒教育系金希真教授指出：「成功的經驗也十分重要，它可以增加孩子的自信，建立積極正向的態度。但是，許多父母讓子女飽嘗不應經歷的失敗，本應遭遇的失敗，卻又不讓他們體會。」

讓孩子超前學習不符年齡的艱深內容，又讓孩子承擔非必要的挫折，阻礙了孩子在日常生活中培養自制力與約束力的機會。換言之，「你只管讀書就好，其他的事情交給媽媽處理」是不恰當的教育態度。

雖然父母都希望子女擁有突破困境的力量，但也不能故意讓孩子身陷困境之中。專家們一致認為，父母應減少介入，並盡可能保持旁觀的立場。

金永勳院長建議：「如果孩子就業後，生活沒有過得比與父母同住時好，就不會有想要工作的念頭。即使家境再好，父母給予的零用錢仍應適量，讓孩子學習自行承擔責任。」

孩子們起爭執時，如果沒有大打出手，父母最好不要介入，讓孩子們自行解決。由子女負責擺放餐桌上的湯匙、筷子等餐具，父母再稱讚他們，藉此建立孩子的成就感。帶孩子參加親戚的告別式，讓他們體會絕望、悲傷與死亡等情緒。

金融教育也必須從孩子五到六歲時開始進行，效果才會顯著。可以給孩子不多的零用錢，讓孩子自行規畫與管理。

金院長建議父母，可以讓孩子在日常生活中經歷小小的失敗，不要每次都買孩子想要的玩具給他、沒做好該做的事就不能看電視，透過這樣的經驗讓孩子體會該如何控制自己。

根據孩子的年紀，教導孩子必須做的事，也是個好方法。金院長說明：「如果小孩到了要上幼兒園的年紀，可以讓他們自己洗澡；上小學後，則可以請孩子幫忙跑腿買東西等。在許多西方國家，父母會請孩子清理庭院或倒垃圾，這也是幫助孩子獨立的方式。」

由父母代替孩子轉達事情給老師、孩子與朋友和好時，由媽媽代為出面，這些都是父母不應該做的事。

由學生家長使用的韓國網站上，總會有許多媽媽發表一堆建議：

「親戚家裡很有錢，可是兒子不太會讀書。為了培養獨立自主的能力，孩子上高中後就讓他去打工，現在他們家的兒子生活過得如魚得水。」

「別光想著孩子二十歲時會考上明星大學，你應該以讓孩子三十歲時能自力更生為目標，這樣教育子女。」

也有人說，就讀大學時，父母只幫忙繳學費、沒有額外拿生活費的學生，出社會後在面臨困境時，總是能展現更堅強的實力。

某哲學家說過：「為了飛得更快、更輕盈，老鷹必須克服的唯一障礙，就是空氣。」可是，如果讓鳥類在沒有空氣的真空狀態下飛翔，牠們便會墜落到地面上，飛也飛不起來。

鳥類飛行時，空氣儘管會形成阻力，卻也是飛行的必備條件。

倘若我們的人生沒有寒冬，春天的到來就不會令人快樂；倘若我們無法偶爾經歷困境，我們就不會懂得如何歡迎繁榮的景象。

——詩人安妮．布萊斯萃（Anne Bradstreet）

空氣，是老鷹飛行時的必備阻力；嚴酷的冬天，是子女成長時，必會面臨的考驗。身為父母的我們，必須為孩子打造出適當的教育環境。

子女的意志力測驗！

可測出子女意志力的 20 道題目，

每題都是單選題。

1. 喜愛長跑或登山等運動，因為這樣的運動有助於鍛鍊心智。

 □非常符合　□很符合　□普通　□不符合　□非常不符合

2. 經常無法履行自己訂下的計畫。

 □非常符合　□很符合　□普通　□不符合　□非常不符合

3. 無特殊原因，總是在固定時間起床。

 □非常符合　□很符合　□普通　□不符合　□非常不符合

4. 能夠根據當下情況更改計畫。如遇到無法執行的狀況，會取消或變更計畫。

 □非常符合　□很符合　□普通　□不符合　□非常不符合

5. 如果讀書和玩樂時間重疊，一定是讀書優先。

 □非常符合　□很符合　□普通　□不符合　□非常不符合

6. 如果有不懂的地方，會馬上向老師或朋友尋求協助。

 □非常符合　□很符合　□普通　□不符合　□非常不符合

7. 長跑途中，即使很想上廁所，也會忍到結束為止。

□非常符合　□很符合　□普通　□不符合　□非常不符合

8. 讀好看的書時，常會讀到錯過就寢時間。

□非常符合　□很符合　□普通　□不符合　□非常不符合

9. 在做該做的事之前，會先預想完成和未完成那件事的後果。

□非常符合　□很符合　□普通　□不符合　□非常不符合

10. 如果自己不感興趣，無論是什麼事都不會積極的做。

□非常符合　□很符合　□普通　□不符合　□非常不符合

11. 在該做的事和有趣卻不能做的事之間，會選擇該做的事。

□非常符合　□很符合　□普通　□不符合　□非常不符合

12. 睡前會信誓旦旦的說，明天起床一定要完成什麼重要的事（念外語、做晨操等），但隔天卻像什麼事都沒發生一樣。

□非常符合　□很符合　□普通　□不符合　□非常不符合

13. 只要是重要的事情，再怎麼無趣，也會持之以恆。

□非常符合　□很符合　□普通　□不符合　□非常不符合

14. 必須處理日常生活中棘手的事情時，總是優柔寡斷，無法下決定。

□非常符合　□很符合　□普通　□不符合　□非常不符合

15. 在做某件事之前，一定會先考量事情的重要性，並思考自己是否感興趣。

□非常符合　□很符合　□普通　□不符合　□非常不符合

16. 遭遇困境時，會希望別人告訴自己解決辦法。

□非常符合　□很符合　□普通　□不符合　□非常不符合

17. 一定會遵守自己的承諾，不拖拖拉拉或說空話。

□非常符合　□很符合　□普通　□不符合　□非常不符合

18. 與別人起口角時，明知不應該，還是會脫口說出過分的話。

□非常符合　□很符合　□普通　□不符合　□非常不符合

19. 深信「有志者事竟成」，因此渴望成為擁有堅強意志力的人。

□非常符合　□很符合　□普通　□不符合　□非常不符合

20. 認為上天給予的機會，勝過自己努力能得到的力量。

□非常符合　□很符合　□普通　□不符合　□非常不符合

＊計分方式與結果評估

依照 5 個選項的順序，奇數題（1、3、5…）計分方式為 5、4、3、2、1，偶數題（2、4、6…）計分方式則為 1、2、3、4、5。

＊分數與意志力的關係如下：

81～100 分：意志力相當堅強。

61～80 分：意志力堅強。

41～60 分：意志力普通。

21～40 分：意志力薄弱。

0～20 分：意志力相當薄弱。

出處：《特別狠心特別愛》，沙拉・伊麥斯（Sara Imas）著。

7 無論如何，都不說朋友的壞話

猶太教口傳律法中，有一個片語叫「lashon hara」，又能直譯為「壞舌頭」，意指盡量避免說出詆毀或指責他人的話。《妥拉》和《塔木德》告誡猶太人：如果一直評斷他人，最後自己也有可能會被他人評斷。

猶太人教孩子，無論在什麼情況下，都不該說別人的壞話。猶太經典文獻《米德拉什》（*Midrash*）中有這麼一段話：

毀謗他人的閒言閒語比殺人危險，
殺人只會殺死一個人
閒言閒語卻會殺死三個人：
散播謠言的人、

聽說謠言，卻沒有反對的人，
以及與謠言有關的那個人。

這樣的信任感，是猶太人能終生與朋友維持穩固關係的原因。但這並不代表，我們要對社會上的不公不義默不吭聲。

針對社會或國家層面所出現紕漏，若是需要積極提問或批判的內容，仍必須批判。然而，站在個人立場上對他人做的評論，則應更加慎重。可以的話，建議往好的方面解釋，未經確認的謠言，則不應向他人傳達。

這個原則，不只適用於鄰居之間的關係，同時也是每個家庭必須履行的生活原則。當孩子說出或做出無法理解的話語和行為時，在妄下定論之前，請先了解背後的原因。還有，父母也必須擁有適時忽略小瑕疵或失誤、假裝不知道的智慧。

對於重視團體精神的猶太人來說，**所謂的品性，就是不以自我為中心，而是以「我們」之名，和大家和睦相處的能力**。猶太人經常為了子女的品性教育而苦惱，藉此，他們得知了很重要的一點：父母在生活中必須樹立榜樣。

為了讓子女獲得律法中的智慧，父母必須先以身作則，呈現猶太教的基本原則——善意或親切的行為（gemilut hasadim）。

年幼的孩子看到、聽見的事物，都會成為教育的一部分，因此，父母必須從自己開始改變，來達到教育子女的效果，並讓孩子看見父母在生活中展現出的人品。

明確的敵人，勝過模糊不清的朋友

《塔木德》中提到，明確的敵人勝過模糊不清的朋友，這句話含有「應挑選明確清楚的朋友」的涵義。猶太人喜歡認識人，但是在挑選真正的朋友時，他們非常慎重。

猶太父母會告訴孩子結交朋友時應注意的事項，尤其會要求孩子盡量避免對朋友說出言而無信的話。然後他們會叮嚀孩子，不要談論和別人有關的八卦，因為朋友也有其他朋友，所以猶太父母從孩子還小的時候，就會嚴格教導他們，不可隨意對朋友胡說八道。

「比起聽別人說一百句壞話，朋友無心的一句話，更容易讓人受傷。」由此可知，朋友就像是自己的一部分，是相當重要的存在。越是關係親近的人，越應該懂得尊重對方，就是猶太人做人處事的原則。

孩子交朋友時，猶太父母會請孩子留意以下兩點。第一，**傾聽朋友說話的時間，應是自己說話時間的兩倍**。人類只有一張嘴，卻有兩隻耳朵，代表我們應該少說多聽，這是《塔木德》的教訓。

第二，**要多詢問關於對方的事**。培養人際關係的基本條件，就是要對他人抱持著好奇心，每次見面都試圖多了解對方一點。

為了結交朋友，我們需要與朋友共度時光。小時候跟同學一起當值日生時，我們總會等對方忙完後，再一起回家，這就是一個互相分擔、關懷彼此的體驗。一起返家的路上，我們會聊聊天，然後更加了解彼此。但是，最近的孩子們，很少與他人分享，尤其缺乏與他人共處的時間。這都是大人的錯，因為我們將孩子送去補習班，才會使他們失去與朋友共度時光的機會。

從韓國某一學校的實驗中，也能窺見朋友的重要性。在首爾某國中內，三百多名一年級學生的左胸前，都別著一張形狀特殊的名牌，那是所謂的「好友名牌」。有別於只寫著自己姓名的一般名牌，這張名牌的特色是，上面也寫著自己好友的姓名。這是為了讓學生成為守護彼此的摯友。

而名牌裡還裝有無線通知系統，作為保護措施。當自己在學校遭到霸凌，或目擊其他朋友遭霸凌時，只要按下按鈕，這個系統就會發送訊號給師長和教務處。當學生按下名牌上的按鈕時，老師只要透過個人筆電、像手錶的穿戴式裝置，或是教務處的監視器等設備，便能掌握尋求幫助的學生身分和班級。

別上好友名牌的兩個月間，校方發現了驚人的變化。在這所學校教語言的老師說：「發生校園霸凌時，原本對受害同學不理不睬的孩子們，開始會照顧、保護彼此了。然後，霸凌者也開始忍住施暴的傾向，讓受害者感到安全。」

實際上，這六年來，這間國中每年三、四月平均會發生八．五起霸凌事件，不過最近進行實驗後，就再也沒有發生半起霸凌事件了。

學生時代的朋友就像保護傘，具有重要的意義，對校園霸凌事件也會帶來影響。假如我們也像猶太人一樣，擁有真心對待他人的心，以及科技強國應有的系統，一定會為校園霸凌事件和孩子們的安全，帶來巨大的改變。

另外，韓國某教育專家說，透過家族旅遊，能夠重振家庭的氛圍。國小時經常跟家人去旅行的小孩，一旦上了國中，就不想跟了。這時，有戰略性的帶子女的好友一起出遊，是不錯的做法。

《停下來，才能看見》一書的作者慧敏法師說：「我們活在過度競爭的社會，再加上受到資訊爆炸的影響，必須不斷被拿來與他人比較，也要跟自己比較，導致我們越來越憂鬱，自尊心也跟著受損。」慧敏法師認為，不論是青少年、主婦還是上班族，任何人都可能有這樣的感受。

他表示，改善人際關係是克服憂鬱症的方法。儘管在物質層面上衣食無缺，仍很有可能因人際關係不佳，而感到非常痛苦。他說，想要得到他人的安慰，就要多多關懷他人，並強調：「擁有十個知心好友，便能感受到年薪上億的幸福感。為了讓他人有被愛的感覺，請多關心身邊的人。」

慧敏法師又說：「若想得到安慰，就必須好好傾聽別人說的話。給平時不說話的朋友一個表達的機會，那個人就會喜歡你。」

另外，他還說：「營造人際關係時，排解失落感也是核心要素之一。人們不會直接說出自己的失落感，卻希望別人能明白自己的心情，有時連相識二十年的知己，也會因為好友處理失落感的方式不妥，而斷絕彼此的關係。」

對待人、動物、物品，一視同仁

猶太人非常重視品性的培養。雖然一個人的品性看似是天生的，但其實也能後天培養。任教於葉史瓦大學的教授兼拉比多寧（Hayim Halevy Donin），提出猶太人必須具備的十二種品性：

一、有禮貌（Courtesy）。

二、誠實（Honesty）。

三、正直（Integrity）。

四、真誠（Truthfulness）。

五、沉著穩重（Even-temperedness）。

六、言行端正（Clean Speech）。

七、勇氣（Courage）。

八、仁慈（Kindness）。

九、耐心（Patience）。

十、自律（Self-discipline）。

十一、謙虛（Modesty）。

十二、責任感（A Sense of Responsibility）。

其中，誠實和正直的差異是什麼呢？誠實指的是依照事實陳述且不欺騙他人，而正直則指能區分善與惡，且懂得分辨是非對錯。誠實固然重要，但是猶太人更重視為人清廉正直的人。

人的本性是品行的基礎，而猶太教相當重視本性的培養。由於猶太人相信，如果對動物過於殘忍，本性就會變得更加殘暴，因此他們甚至透過律法規定，殺生時應切中要害，以減輕動物痛苦。

猶太教告誡猶太人，不只對待動物要謹慎，對待無生命的物體也要留意。如此一來，才能養成為他人著想的性格。猶太人的律法，是禁止辱罵失聰者的，如果因對方聽不見，就謾罵對方的話，將會對自己的品性造成更大的傷害。

8 虎之霸精神，沒有誰一定要聽誰的

如果不提到猶太人的虎之霸（Chutzpah）精神，就無法解釋他們豐富的創造力。所謂的虎之霸，在希伯來語中有放肆無禮、厚顏無恥的意思。而這個精神的精髓就是：即使面對比自己年長、有權力的人，仍應該理直氣壯的提出自己的意見，反對權威者單方面的主張。

據說，希伯來語中沒有和「不好意思」對應的話語，而必須用帶有主動意義的「冒昧」來進一步解釋。

虎之霸精神的七大要素如下：

一、不拘禮節（Informality）。

二、發問的權利（Question Authority）。

三、結合想像力（Mass-up）。

四、承擔風險（Risk Taking）。

五、目標指向（Purpose Driven）。

六、堅毅韌性（Tenacity）。

七、從失敗中學習（Learning From Failure）。

失敗的精神，是虎之霸的核心。無論在什麼情況下，猶太人總是不會將失敗視為問題。他們認為認真嘗試後所遭遇的失敗，有助於培養此精神，而這樣的虎之霸精神也適用於讀書。《塔木德》教導猶太人，不要完全同意拉比所說的話，反而要經常唱反調、與拉比爭辯。

親子間的關係須平等，孩子不是附屬品

對猶太人而言，最重要的是上帝賜予的律法。律法的核心精神是正義，而所謂

正義，其實就代表著平等。

正義，是關心孤兒、寡婦等弱勢族群；平等，是除了上帝之外，人人平等的信念。因此，猶太人自古以來就認為，照顧群體裡的弱勢是人類應盡的本分，不照顧弱者並不合乎道義。因此，捐款和做慈善等活動，才會成為猶太人日常生活的一大部分。

再者，猶太人認為工作上的位階，是為了有效增強作業效率所做的角色分配，所以他們不覺得職位會形成從屬關係。這樣的平等觀念所造就出的文化，就是虎之霸精神的精髓。他們認為人與人之間不需要建立從屬關係，因此無論何時，都能自由自在的熱烈討論。

在這樣的傳統觀念下，畢業於律法學校的拉比們，都認為自己仍是學生，且永遠是學生，所以終身都在學習。

就本質上來說，日常生活以拉比為中心的猶太社群，即為「學習共同體」；拉比們透過教育，讓猶太人牢牢記住律法的核心精神——正義與平等。因此，猶太人會竭盡所能的賺錢，再與需要的人分享。

我們認為賺錢，是為了充分利用資本主義的效能，可是猶太人不會把錢花在自己身上，而是交還給猶太社群，並根據人們的需求來分配。分配是社會主義的核心概念之一，也是讓流落他鄉的猶太人，熬過痛苦與折磨的力量來源，而這就是現存的以色列集體社區體制——基布茲的原貌。

虎之霸精神，也是以色列年輕人投身創業的原因，全球有三〇%的新創投資在以色列成形，而虎之霸精神讓以色列改頭換面，成為全球最繁榮的新創國家。有分析指出，猶太人能在科學領域展現顯著成果，正是因為他們有著離散的背景。飽受折磨的移民最容易踏入的領域，是相對較開放的化學領域。

其實，近期美國杜克大學等聯合研究團隊發表的研究結果顯示，移民普遍會挑選需要運用數學及科學邏輯的職業。此外，也有人認為，既重視教育又尊敬學者的猶太人，擁有最適合大量栽培出諾貝爾獎得主的背景。

所謂的虎之霸精神，也包含了激烈競爭。也就是說，新進員工跟首席執行長、新兵跟指揮官，都可以和彼此激烈的辯論。這是東方人難以想像的景象。我們從小生活在長幼有序的社會風氣下，又受到儒家思想的影響，因此生活中明顯存在著輩分的觀念。

過去曾有某位韓國人表示，他曾因公事而與彭博有限合夥企業（Bloomberg L.P.）的董事長彭博見上一面，不過，他沒有被帶往董事長辦公室。反之，一位在大辦公室辦公的員工突然走出來，表示自己是董事長，便自然的開始介紹公司，令他深受文化上的衝擊。如果看過臉書創辦人祖克柏在內的影片，就會發現，他也和員工待在同一個空間辦公。

這就是猶太人的平等觀念。《聖經》中，摩西在指揮作戰策略時，支持者請他上座，摩西卻說不能只有自己如此，直接拒絕了支持者的建議，並選擇坐在同樣高度的位子上，接受公平的待遇。

這樣的平等觀念，深深烙印在猶太人心中。因此，猶太人認為，**孩子不是父母的附屬品，父母跟孩子的關係也是平等的**。即便是年幼的孩子，猶太人也會平等對待他們，並藉由對話與勸導的方式教育子女。

猶太人不但謹記光榮的日子，也不忘失敗的時刻。他們相信，只要記得失敗的經驗，就會萌生新的力量，失敗，就是最好的教訓。縱觀猶太人的歷史，他們屢次經歷失敗，而失敗就代表著從痛苦中學習；所以，他們會回顧失敗的歷史，並努力不重蹈覆轍。

靠著堅定意志，猶太人建立家園

除了農業，基布茲中通常也包含了食品加工、機器零件製造等輕工業，它的特色不在於將現有耕地集體化，而是以自治組織為基礎，建立有規畫性的生活共同體。一九〇九年，最早的基布茲在錫安主義（Zionism，又稱猶太復國主義，旨在支持、認同於以色列重建「猶太家園」的行為）中誕生。

目前以色列境內約有兩百三十多個基布茲仍在營運中，一個基布茲的成員則從六十到兩千人不等，總合起來超過八萬人，占全體農業人口的一七％左右。

基布茲成員沒有私有財產，土地為國家所有，一切生產與生活用品皆為公有資產，成員的所有收入皆歸屬於基布茲。依照基布茲的財務規定，土地會以夫妻為單位分配，用餐由公共餐廳統一處理，衣服亦為統一購買、平均發送。

孩子在滿十八歲之前，會與父母生活在不同團體之中，並遵循團體制定出的自治方針，並接受集體教育。因為以色列與阿拉伯關係緊張，基布茲還有訓練民兵。

除了基布茲以外，以色列還存在著其他的集體社區體制，例如僅共享生產的「Moshav shitufi」、共享販賣與銷售的「Moshav ovdim」等，成員在團體之間可以不斷移動，也能自由加入與退出。

抵達以色列的猶太人，第一眼見到的就是寸草不生的荒涼沙漠，但他們渴望建立國家的意志十分堅定。對於徒手開拓荒地的他們而言，每個瞬間都是一大挑戰，但最後他們戰勝了這段艱辛歲月，寫下以色列的建國史。

事實上，起先沒有人認為他們能在沙漠上耕地，可是為了生存下去，基布茲成員不浪費時間沮喪或猶豫，而是直接在荒涼的沙漠中撒下種子。後來，他們化不可能為可能，展現了以色列的開拓精神。

骨子裡的猶太人

猶太教育十九要點

一、不想做就別做，要做，就全力以赴。

二、學習這件事，從模仿他人的學習態度開始。

三、一旦中斷學習，不到兩年，就會忘掉二十年的經驗。

四、比較智商，兄弟兩敗俱傷；比較個性，兩人安然無恙。

五、故事或寓言的教訓，有助幼童思考。

六、勿讓孩子太靠近大人使用的物品或場所。

七、還在喝奶的嬰兒，絕不帶去別人家拜訪。

八、勿用金錢代替送禮。

九、不讓孩子看電視上的暴力畫面，但務必給孩子看戰爭紀錄片。

十、不對孩子說謊，也不讓孩子做白日夢。
十一、教訓孩子時，要有明確的標準。
十二、沉默，是最理想的懲罰。
十三、威脅是大忌，請選擇處罰或原諒。
十四、培養在限定時間內完成工作的習慣。
十五、善用一家人齊聚一堂的用餐時間。
十六、外出用餐時，不帶年幼的孩子。
十七、給孩子零用錢，同時教他們養成儲蓄習慣。
十八、尊敬年長者，是孩子的文化遺產。
十九、從父母身上得到多少，就該給予孩子多少關心。

第七章

哈柏露塔，
用說話來進行的學習法

1 兩個猶太人見面，能激發三個好點子

在韓國EBS教育臺的節目中，曾就讀哈佛大學的莉莉（被猶太人領養的韓國人）在節目採訪中說道：「我的父母不曾強迫我讀書，他們總會透過真心的對話，與我談論各種問題、問我有什麼想法，讓我能夠鼓起勇氣。」跟其他人討論時，她也強調：「哈柏露塔教育法能增廣並激發新知識，是猶太教育的精髓。」

在漫長的歷史中，猶太人持續拜讀他們的經典文獻《妥拉》與《塔木德》。為了讓讀書更有效率，他們通常會兩兩一組，一起讀經典文獻，然後互相提問、對話、討論、辯論。這樣的過程，就是所謂的哈柏露塔。

哈柏露塔，意味著與他人分享生活中各式各樣的話題，有時對象是父母，有時則是兄弟姊妹或朋友。

十多年前，哈柏露塔在韓國非常流行，父母把它當作辯論教育、閱讀教育的良

方。尤其，因為聽說它對入學考試有益，所以住在大峙洞（按：位於首爾特別市江南區，被視為有錢人居住的高級地段）的家長們，對此感到相當有興趣。

然而，比起初期引發的爆炸性關注，哈柏露塔學習法對韓國教育界造成的影響，至今仍非常微弱。而原因就在於，家長們只想將哈柏露塔套用在入學考試上，卻缺乏對猶太人的歷史與文化的了解。

以韓國來打比方的話，哈柏露塔之於猶太人，就像是泡菜之於韓國一樣。雖然外國人經常提到泡菜有什樣的功效（按：泡菜含有豐富的益生菌，具有增強免疫力、強化腸道等好處），但對韓國人而言，泡菜只不過是生活的一部分罷了。

猶太人也是如此，在他們的家庭和學校裡，對話與辯論就是日常，因此，他們不會格外大聲的讚揚哈柏露塔。

尤其，將哈柏露塔融入學習後，便很容易看到猶太學生一對一辯論的模樣。在猶太人的傳統教育機構葉史瓦中，總會聚集一、兩千人，在裡頭討論及辯論，猶太人熱烈對話的喧囂程度，遠勝過市中心的喧鬧聲，許多人見狀都大受衝擊。

猶太人的圖書館，是世界上最吵鬧的圖書館，與他們相比，在我們的圖書館或讀書中心裡，大家多半是一人前往讀書，且完全不與旁人交談。那是因為我們不像猶太人一樣，認為讀書是人生的最終目標，反而只把它當作成功的手段。

在目前的社會結構下，為了提交成績、進入大學、考試、就職，我們得將朋友與競爭者踩在腳底下，藉此取得勝利。

「**兩個猶太人一見面，就會激發出三個好點子**。」透過哈柏露塔學習法，猶太人就會體現何謂「集體智慧」。所以，互動是雙向的，並非單向。「透過他人的思考模式，能使自己的想法變得更鋒銳，宛如被磨刀石磨過一樣。」

從我們社會的角度看來，會讀書的人不管做什麼，成功率都很高，因此，只要通過司法、行政、新聞從業人員等考試，往往就能成為社會領導者。可是，受限於既定框架中、不斷苦讀的人，通常缺乏與世界溝通的能力。

因此，有許多人總會痛罵政府墨守成規，不然就是嫌棄整個社會故步自封，說出這種話：「像這樣在圖書館或讀書中心埋頭苦讀，然後找到一個重要職位安身立命，難怪社會如此迂腐守舊。」然後就這樣過了數十年。

飽讀詩書的人最常犯的錯，就是認為自己是世界上最聰明的人；然而，他們自己卻欠缺與他人討論、對話的經驗，因此無法體諒別人的感受。所以，新聞中連日爆出的領導階層罪犯，才會讓許多人深陷失落感之中。

不僅社會如此，有時在家庭中，也會瞥見類似的狀況。縱使會感到有些不自在，仍需認真討論這些問題，因為一旦社會領導階層或權力入侵家庭，父母將會成為家庭中的既得利益者。

若仔細觀察日常生活中，父母與孩子的對話，就會發現父母常說「不要打電動」、「不准看電視」、「趕快來吃飯」、「趕快洗澡」、「快點讀書」等壓迫孩子的話，或是一再濫用單方向的對話權。其實，這些話語都屬於指示和命令，不是真正的對話。

即使會比較費時，我們也應該像猶太父母一樣，與孩子真心對談，並不時關心孩子，讓他們有朝一日能獨立自主。所以，從今天起，不論身在家庭還是處在社會中，我們都要給予孩子與人交流的機會，而非讓他們一個人獨處。

透過這樣的過程，不但能開拓視野，人與人之間的想法也能互相產生化學變化，讓我們一起成為相信且願意等待孩子的父母吧！

2 老師不教知識，只負責丟話題

我們總是將入學考試當作目標，對哈柏露塔的認識，僅止於表面。現在，我們有必要認真探討哈柏露塔學習法的意義。

簡單來說，哈柏露塔屬於配對學習法（Pair-learning system）。為了方便討論，一定要有兩個人才行，一個人當老師，另一個人當學生，有時候也會雙方互相調換角色，針對《塔木德》的內容展開另一陣討論。

可是，一定有人感到疑惑：為什麼一定只能有兩個人呢？理由是，將人數控制為兩人，討論時才不會有旁觀者，一旦出現旁觀者，就會有人無所事事。

假如只有兩個人，他們就不得不一直思考與討論，所以人數非常重要。猶太人通常不會讓年幼的孩子，自己決定對於一個事件的贊成或反對，而會拿共同議題讓孩子討論。

等到孩子升上高年級，才會讓他們進行正、反意見的辯論。雖然意見相左，但是透過正、反方的辯論，猶太人便會明白，自己的主張或想法越是堅定，就越能達到深思熟慮的境界。

特別的是，他們會在當下改變贊成或反對的意見，而不是事後才改變心意。因為，唯有「換位思考」才能了解他人的心態。透過此方式，孩子能意識到，每個人都可能有不同的想法，藉此增添思考的柔軟度。

兄弟姊妹起爭執時，只要雙方立場互換，自然就會發現自己的想法有矛盾之處，並認知到是自己太堅持己見了。猶太人的日常生活中，到處充滿著哈柏露塔的蹤影，有時候，新進員工甚至會跟總經理來一場一對一辯論。

他們之所以辦得到，是因為家庭和社會已形成一股自由討論的風氣，而且這個風氣與地位完全無關。

特別的是，谷歌創辦人佩吉和臉書創辦人祖克柏，都是因為和一起使用哈柏露塔學習法的夥伴意氣相投，才決定共同創業的。透過多年的長期對談，發現兩人變得越來越要好，進而成為一輩子的摯友。

再者，傳統的教育方式主要由老師單方面授課，哈柏露塔則讓學生共同討論及學習，有時候，像拉比一樣的老師會丟出一個問題便離去，不為學生解答。為了讓學生產生創新的想法，老師只負責「丟話題」。這就是猶太人和我們最明顯的差異，也是喜愛思考的猶太學生和單純接受的亞洲學生之間，差距越來越懸殊的原因。

一直以來，我們都只想著要迅速找出解答，但這樣的行為，反而會扼殺孩子的創意。唯有在我們意識到這一點後，才能著手改變教育孩子的方式。

3 擦掉上課筆記，用自己的話解釋

哈柏露塔，是用說話來進行的學習法。猶太人認為，如果無法透過說話來解釋，就代表自己仍不明白。

猶太人之所以如此成功，不是因為他們天生比別人聰明，而是因為學習方式與眾不同。

後設認知（Metacognition）是哈柏露塔的重要核心。所謂的後設認知，意指從客觀的角度觀察自己的思考能力時。

由於無法說出自己不知道的事，因此，能藉此分辨出自己已理解及誤以為理解的部分。

學習的目的不在於獲得一堆資訊，而是找出多元思考的方法。為了將原本不懂的事弄清楚，進而找出規畫與執行過程的教育方法。

我的腦海中有一面鏡子，名為後設認知。
因為有後設認知，所以人類比其它動物有智慧。
知道得多，不代表就了解，
知道自己不懂什麼，並去明白它，才是真的了解。
——後設認知專家、心理學教授莉莎・宋（Lisa Son）

提升孩子的學習成效，不但是學者的心願，也是父母至高無上的任務。有一份與此有關的研究報告，提及經過二十四小時後，腦中還能留下多少學習內容。全球最高權威的美國國家實驗室（National Training Laboratories，簡稱ＮＴＬ）曾發表名為「學習金字塔」（Learning pyramid，參考左圖）的研究結果。

結果顯示，僅靠課堂聽講，在經過二十四小時後，大腦只會記得五%；除此之外，閱讀為一〇%、小組討論為五〇%、教導別人則有九〇%。

很遺憾，不論在學校或補習班多麼認真聽課，過沒多久就會忘得一乾二淨。

教育專家們研究猶太人的教育方式後，發現他們成功的祕訣，就是透過哈柏露

學習金字塔

推測經過 24 小時後，學習內容能在學生腦海中留下多少印象。

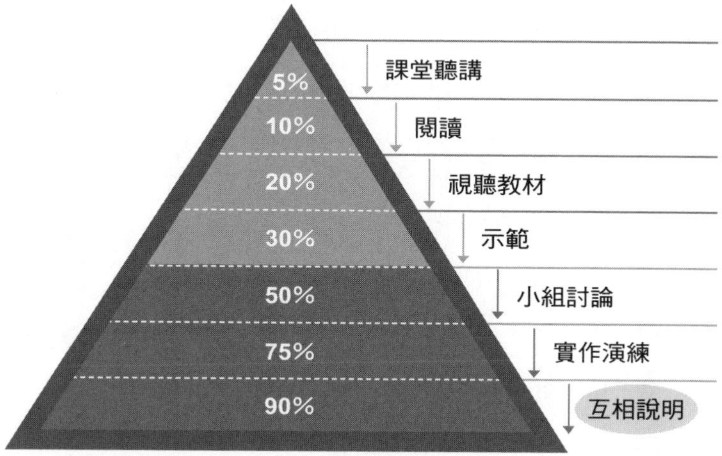

- 課堂聽講 5%
- 閱讀 10%
- 視聽教材 20%
- 示範 30%
- 小組討論 50%
- 實作演練 75%
- 互相說明 90%

※以學習效率 100% 作為比對之比例。

塔學習法，在日常生活中熟悉彼此解釋、合作、討論的過程。

在我們的學校，通常都會看到老師單方面解說、向兒童灌輸知識，等於只有老師能享有最有效的學習效果，這樣的情景其實非常矛盾。像猶太人一樣，透過哈柏露塔，向彼此闡述、解釋，學習效果比在課堂上聽講有效非常多。教導別人，能夠帶來最明顯的學習效力。

若想藉由哈柏露塔，向對方說明自己的邏輯，那就得先掌握對方的邏輯，吸收並消化之後，再提出比對方更強烈的主張。這麼做的效果，比一般聽講更明顯，是理所當然的；如同籃球選手必須親自在球場上馳騁過，才能體會箇中滋味一樣，親自上場擔任球員，才能自由的縱橫在名為討論的運動場上。

對猶太人而言，他們很習慣教導朋友。我們也是一樣，在學校上課時，如果有地方聽不懂，利用下課時間請教同學後，往往就能明白。

請教老師，和請教與自己年齡相仿、思考模式雷同的同儕，這兩者明顯不同。教導朋友，是哈柏露塔的根本，而猶太人很早就鍛鍊出過人的教學功力。

再者，有一個與教育成效有關的著名理論——一萬小時定律。該定律指出，一天至少要花三小時做某件事，並維持十年，才能在該領域取得成功，而其關鍵就在於持續性。猶太人從小就在使用這個學習功效超強的學習法，因此，猶太領導者才得以於各領域中嶄露頭角。

從科學角度來看，後設認知提高了互相說明之成效的可信度。我們擁有的想法，又可被稱為認知；但是，還有另外一雙眼睛在監視著認知，我們稱它為後設認知。

後設認知代表站在客觀的角度上，檢視自己的思考能力，也就是分辨自己已理解及誤以為理解之部分的能力，這也就是蘇格拉底（Socrates）堅信的哲學精神——認識你自己。

該怎麼做才能提升後設認知呢？答案在於解釋。只要試著解釋一番，自己已經理解的部分，以及未知的部分，這兩者之間的區別會變得更加明確，而大腦便能將已知知識的因果關係自然彙整起來。

由於每個人的後設認知皆處於啟動狀態，因此，與其只靠聽講來吸收新知識，不如用言語去解釋，並透過思考來整理已知、未知、必要、非必要的知識內容，這麼做才能真正輸入知識到大腦中。

更特別的是，美國哥倫比亞大學心理系教授莉莎．宋表示，一個人自學也能透過「自我測試」來提升後設認知。什麼意思呢？她以高中全校第一名的學習習慣為例：該名學生擦掉自己在上課時間所做的筆記，然後反覆寫下答案，如同自己在考試一樣。那名學生說，以前試過無數個學習法，不過這個學習法的效果最好。

宋教授以這名學生為例，表示透過反覆解題的過程，能檢視自己是否確實理解上課時間所聽到的內容，以及自己是否誤以為已經搞懂了。這麼做，就能提升後設認知。

我們的教育環境，與猶太人大相逕庭。從今天起，我們應意識到，我們過去對學習抱持的看法是錯誤的，也就是一再背誦的教育方式。當然，在升學考試這道關卡前，我們只會變得越來越渺小；但是，為了孩子的未來，我們應從長遠來看，一起找出生活周遭還有哪些方法，能夠拓展他們的思維。

4 情緒教養對話法，讓孩子自己解決問題

為了實踐哈柏露塔教育法，最重要的是，父母跟子女之間的關係要十分良好，然而，若要實際和孩子建立信賴感，其實並不容易，尤其父母必須不斷努力才行。孩子平時都是看著父母有樣學樣，假如孩子平常就懂得孝敬父母，那再好不過，但畢竟父母也是人，有時會因情緒激動而責罵孩子，或是因為身邊的人說了什麼而改變心意。為人父母確實不簡單，因此，父母平時就應該練習能與子女建立信賴感的對話方式。

所謂的REACH對話法，是取用每個單字的第一個英文字母命名而成：

一、反映（Reflect）。

二、鼓勵（Encourage）。

三、接納（Accept）。
四、選擇與改變（Choices and Changes）。
五、包容與擁抱（Hold and Hug）。

反映：接納孩子的情緒

孩子從外面返家時，一進家門就說「氣死我了」，父母通常會在第一時間問孩子「怎麼了？」、「發生什麼事？」、「你跟誰吵架了？」、「你怎麼一天到晚惹是生非？」。

但是，這樣的態度只會讓孩子產生「爸媽又覺得是我的問題」的負面情緒，以致最後寧願閉口不談。

為了和孩子維持良好的親子關係，孩子返家時若非常生氣或有什麼異狀，身為父母的我們，必須先練習接納孩子的情緒，同時思考：「孩子為什麼會生氣？」我們需要問孩子：「要不要告訴我你為什麼生氣呢？」、「什麼事情讓我家小寶貝這麼生氣？」用溫柔的眼神注視孩子，並尊重其情緒。如果孩子感到難過，請陪孩子一起難過。父母跟孩子一起感受孩子的情緒，就是第一階段——反映。

鼓勵和接納，讓孩子吐露心聲

在反映的階段，父母會陪孩子一起傷心，讓孩子知道「我現在好像明白了」。

接下來，就要鼓勵孩子。透過「哦，原來如此，不過媽媽想知道得更詳細一點」、「你的朋友為何會有那樣的舉動？我想再聽你多說一些」、「你朋友做出那樣的舉動時，你怎麼回應呢？」、「那個朋友對於你的行為有什麼反應呢？」這樣的話語，讓孩子在安靜的氛圍下自己吐露心聲。

父母為了從客觀的角度了解狀況，必須進一步從孩子身上深入理解原委，可是，如果過度逼迫他們，孩子可能會選擇隱藏自己的事情或情緒。

因此，建議在孩子的話語中穿插「哦，我大概懂了」、「所以才會跟朋友吵架啊」等答覆，然後繼續聽到最後，不要太早下結論。

鼓勵完孩子後，父母需要接納他們感受到的真實情緒。透過「啊，原來如此」、「所以你才會這麼生氣啊」、「假如媽媽也在場，一定也會想要說些話」、「連媽媽都這麼生氣，你又該作何感想呢？我心裡也很難受」等話語，表達同理心。

選擇與改變：讓孩子自己想出解決辦法

接下來，要順其自然的進入選擇與改變的階段，詢問子女：「碰到這種狀況該怎麼解決才好呢？」

但是，並不建議媽媽單方面告訴孩子「我明白了，你去跟人家道歉」、「我們去請對方道歉」，這種由媽媽所安排的解決方式，並不理想。

可以丟出「你想要怎麼解決呢？」這樣的問題，讓孩子先思考，再向媽媽提出解決辦法，例如：「媽媽，我想要這麼做，星期一去學校後，我要再去問那個同學為什麼要說那樣的話。然後，我會再思考下一步該怎麼做。」

運用這樣的方式，將選擇權交給小孩，讓他們自己尋找答案，對小孩最有幫助。現在的父母多半會盡快告訴孩子解決方法，可是這並不是最適合的應對方案。

當然，假如孩子年紀太小或找不到解決方法，這時，父母可以給孩子一些建議，告訴孩子：「媽媽想到這個方法和另一個方法，你偏好哪一種呢？」

當孩子因找不到方法而苦惱時，父母像這樣提出方案，就能幫助到他們，但必須讓孩子自行選擇，並且主動去解決問題。這麼做的話，下次再發生同樣的狀況時，他們就能採用相同的方式，自行解決問題。

包容與擁抱，感謝孩子的誠實

最後一個階段，父母要對沒有隱藏情緒、選擇說出口的孩子表達感謝之意：「謝謝你今天告訴我你的煩惱。」然後輕輕的擁抱孩子，並告訴他：「你今天心裡一定很受傷。」

當然，孩子做出的事也可能有需要修正的地方，所以我們必須等到孩子心理狀態穩定下來後，再根據不同狀況提出客觀的建議，像是「這件事媽媽一定要告訴你」、「碰到那樣的情況時，你不妨……如何呢？」

不建議提出過度偏頗的說詞，像是「你做得很好」、「你根本一點都沒錯」，而是應根據不同情況，告訴孩子「對方聽到你說的話時，內心一定也很難受吧」、「對方心裡一定也不好受」，讓孩子也能站在對方的立場上思考。

因為父母全然接受自己的意見，而且有人懂自己的心情，孩子便能從中得到莫大的力量。這時，父母只要再給孩子一個溫暖的擁抱即可。

當然，很重要的是，父母要一直持續練習這樣的對話方式。在越矛盾的情況下，就越應該尊重孩子、與他們對話。這麼做，親子間的信賴感會越來越深厚。

5 一本繪本，就能開啟話題

假如孩子年紀還小，可以利用繪本實行哈柏露塔。繪本的文字不多，正好適合還不識字的孩童。

在這邊，以龜兔賽跑的故事為範例。

首先，和孩子一起欣賞書的封面和封底，並問孩子「這本書在談什麼內容」，透過對話聊一聊對這本書的初印象。

「這本書的書名是什麼呢？」

「龜兔賽跑。」

「看了插畫後，你覺得內容在說什麼呢？」

「兔子在睡覺，烏龜自己在跑步。」

「為什麼只有兔子在睡覺呢？」

「因為兔子覺得自己跑得夠快，所以在偷懶。」

像這樣先看書的封面，然後再對話，就能引起孩子的動機。

問前因後果，養成好邏輯

看過書後，聊看看是什麼樣的內容，如果能提出關於角色、故事背景、角色心境等有跡可循的問題，並做出誇張的反應，就能體現哈柏露塔的有趣之處。

發問時，可以請孩子說出故事順序和前因後果。

將話題圍繞在角色、故事背景、前因後果中，為孩子提示該用什麼視角閱讀這本書，孩子的記性就會變好。

最重要的是，若是從前因後果的角度來講故事，便能讓小孩養成讀書時，利用邏輯來思考的習慣，使記憶能夠長久保存。

代入角色的心情，培養同感力

另外，也可以讓孩子嘗試揣測角色的心情。猜想角色心情的同時，也能讓他們揣摩社會上其他人的立場，這麼做便能看出，孩子在幼兒園或學校時，跟同學之間的關係。

「如果我是兔子，心情會怎麼樣呢？」
「如果我是烏龜，心情會怎麼樣呢？」
「如果我是兔子，會想對烏龜說什麼呢？」
「如果我是烏龜，會想對兔子說什麼呢？」

猜想對方的心情，是諒解他人的第一步，因此，如果能針對孩子實際遭遇過的情況舉例，效果會更好。

用「假如」造句，刺激想像力

英文的「if」，可以表示「假如……？」這其實也是一個哈柏露塔式提問。

「假如兔子沒有睡覺的話，會怎麼樣呢？」

建議提出具體的條件，以便讓缺乏想像力的小孩思考，並自然而然的刺激他的想像力。

套用真實情境，增強同理心

看完書之後，可以聊一聊這樣的狀況可以套用在怎樣的現實生活中。透過今天讀過的這本書，思考自己碰到這種狀況時，會有什麼舉動，就能進一步想像孩子在幼兒園或學校與朋友應對時的情形。

「朋友裡面有像兔子一樣，以為自己很厲害的人嗎？」

「如果那個朋友像兔子一樣，自誇一番後卻踢到鐵板，他的心情會怎麼樣？」

透過兔子的範例，就能聊到「那個朋友的內心可能也會很難受」。即使父母沒有特別教導，孩子也能透過內心的感受，自己揣摩其他朋友的心境。

最後一步，用提問統整一切

利用畫圖或手工藝等活動，將看完繪本後所討論的對話內容呈現出來。若詢問孩子「今天讀完繪本，你有什麼想法」，孩子可能會回答「朋友有麻煩時，我會想幫他」。那麼，媽媽就能再接著說「那我們來畫幫助朋友的圖吧」、「來畫朋友的臉吧，媽媽也來幫忙」。

這樣比單純讀書要有趣得多，親子之間也能自然的了解對方的想法。

6 孩子一直打電動，怎麼辦？

孩子年紀越大，就越是與智慧型手機等數位裝置形影不離，父母也難以限制孩子的遊戲時間。許多家庭都曾因孩子的遊戲時間而起過衝突，遇到這種情況時，有什麼哈柏露塔式的解決之道嗎？

解決遊戲時間等衝突的哈柏露塔法，通常有五個階段：

一、定義問題。

二、提出方案。

三、評估方案。

四、選擇方案。

五、實踐及檢查。

在孩子專心打電動時，如果父母說「不要再玩了」，孩子反而會惱羞成怒，因為，孩子已經遊戲成癮了。

一般來說，只玩數十分鐘的電動遊戲，引不起太大的樂趣，但一旦遊戲時間拉長，孩子就會覺得自己已化身為遊戲中的人物，這時要抽離，就會變得困難重重。儘管上癮程度上有輕重差異，不過最近的男孩子最關心的東西之一，無非就是電動遊戲了。

從父母的立場看來，一定很不喜歡孩子這樣，尤其孩子一旦開始打電動，跟他說什麼都聽不見。父母以為已經講過了，可是孩子卻因過度專心而沒聽見，回話更是敷衍了事。

那麼，我們就一起來看看，化解衝突的具體步驟吧！

第一步：定義問題

孩子打電動時，不可以冷不防的說：「遊戲會造成太多問題，我們來規定打電動的時間吧。」

建議在孩子沒有打電動時，最好是像猶太人的安息日一樣，在餐桌旁享用美食、氣氛和樂融融時，大家坐下來一起對話，效果會最好。

無論目的為何，都建議父母每天找出時間、安排可坐下來聊天的環境，因為，從孩子的角度看來，他可能不覺得自己的行為有什麼問題。假如父母與孩子之間有什麼事情說不出口，都可以試著坐下來談談。

「老實說，到了你這個年紀的孩子都會喜歡打電動，這點媽媽可以理解，只是最近似乎玩得太過頭了。」

「不過，你打電動時的神情真的很可怕。」

「跟你說話也不回答，不然就是發脾氣，遊戲一停下來，你也會生氣，讓我覺得很累。」

「媽媽也想控制自己的脾氣，而你生氣時，心裡肯定也很不是滋味，你覺得我們該如何調整呢？」

跟孩子心平氣和的談話，透過對話，建立有助於解決問題的信賴，這是第一個階段，也是最困難、卻最重要的階段。

第二步：提出方案

對話的場合備妥後，父母和孩子必須各自拿著一張紙來到這裡。先具體決定出對話主題，例如，若主題是「打電動的時間」，彼此就在紙上寫下各自認為理想的遊戲時間，像是一週幾小時等，寫完後再面對面詳談。

第三步：評估方案

接下來，只要針對雙方的時間來討論即可。也就是「為什麼會這樣決定」，父母是擔憂玩遊戲會成癮，孩子則是需要一些屬於自己的休閒時間，來排解課業壓力。孩子也能以自己的朋友舉例。

第四步：選擇方案

做出最終決定前，建議先針對遊戲時間協商。也許父母跟孩子提出的時間相當懸殊，這時請各退一步，訂出合理的標準。

第五步：實踐及檢查

實施超過一週後，要再次檢查。如果說「媽媽覺得這次訂出的時間，似乎比想像中長」，孩子可能反而覺得太短。那麼，就要持續討論，也就是繼續協商。重要的是，要讓孩子學習協調意見的對話模式，並讓他們深信，與父母溝通便能解決問題。因為父母和子女是否能溝通，比縮短遊戲時間更為重要。

隨著子女逐漸長大，他們的意志會變得越來越強大，就可能越抗拒父母的意見。當父母大喊「不可以」時，若孩子年紀還小，因為沒有反駁的能力，當下通常只會乖乖隱忍。

然而，隨著年級越升越高，孩子會覺得自己跟成人沒什麼兩樣，因此可能會藉由丟手機或大力關上房門等行為來洩憤。

若子女沒有從小與父母建立信賴，一旦進入青春期，雙方很有可能會變得無法溝通，因此，由整個家庭一起訂下合理的對話形式，是十分重要的一件事。

學習也是如此。父母往往希望孩子能夠自動自發，可是如果強迫孩子，只會讓孩子失去對學習的興趣，並覺得學習是件令人負擔的事。

結論是，透過這樣的對話或協商過程，可以減少父母與子女之間的衝突，孩子打電動時，心情也會輕鬆許多，連學習方面也會更加自動自發。

後記

跟過去的自己比，不要跟別人比

猶太人之所以如此成功，原因在於他們的父母始終秉持著堅定的教育觀，不為世上的標準而動搖。

科學家愛因斯坦、大導演史匹柏等人，小時候被視為沒有前途的孩子，但他們的父母並未因此而感到失望，反而因孩子的與眾不同而感到欣慰，並抱持著他們會改變世界的希望。在這樣的教育法下長大的猶太人，紛紛成為精英，在世界各地持續發揮著他們的影響力。

孩子的問題，源頭都來自於父母，因為父母是子女的借鏡，也是他們的一切。**父母也許不能讓孩子感到幸福，卻有可能讓孩子的人生充滿不幸**，因此，父母的教育哲學尤其重要。猶太人的教育始於家庭，而為了改變社會與人類，此時的他們正不斷展現過人的勇氣。

這樣的基礎，類似猶太人「修復世界」的思想（按：詳見第一九〇頁），如同韓國的哲學理念「弘益人間」，帶有造福廣大人群之意一樣。為了散發正向影響力，猶太人善用猶太網路，展現族群的集體智慧。就好比透過宗教聖地耶路撒冷和經濟聖地紐約，我們才能全面掌握精神社會與物質社會的平衡。

當然，猶太教育法也並非完全正確。猶太人的教育理念，含有以信仰為立足點的猶太教，光是這一點，就和我們的教育方式大不相同。

但是，猶太父母不會將孩子視為自己的附屬品，或要孩子代替自己，完成未達成的事，反倒會全然接受子女是上天託付給自己的禮物。他們不會拿孩子跟別人比較，而是努力發掘孩子的才華，其結果是，猶太小孩往往能自然擴展自己的「思想光譜」，也就是思維的廣闊程度。

猶太人和我們在教育層面上的差異為：**猶太人和過去的自己比較，我們則是跟別人比較**。任誰都有過小時候在家中貼著牆壁量身高的回憶，會這麼做，全是因為好奇這段期間，自己究竟長高了多少。將墊板放在孩子頭上，水平對準後，在牆上畫線，並在旁邊寫上日期。

有時候也會在電影中看到，登門造訪老房子的主角環顧住家後，發現牆上畫著歪歪斜斜的線條，然後回想起幸福的過往；接著，畫面變得模模糊糊，鏡頭最後帶到過去幸福美滿的家庭，遠處傳來孩子們的歡笑聲，並看到他們愉快奔跑的模樣。

孩子們之所以喜歡在牆上量身高，是因為每次量身高，高度都會有所增長。比上次測量時長得高，孩子便欣喜若狂。

在牆上測量身高時，孩子的比較對象不是別人，而是過去的自己。可是，一旦孩子開始上學，就再也不會在牆上量身高了。

為什麼？因為孩子開始跟別人比身高了。從開始跟別人比較的那一刻起，他們的身高便從絕對值變成了相對值。身高是高是矮，得與他人比較才能得知。

如果身邊每個人都比自己高，那代表自己的身高偏矮。在牆上量身高時，孩子們只需要跟自己比較，因此顯得更開心，可是開始跟別人比身高後，因為肯定有人比自己高，也會有人比自己矮，身高被賦予了相對性的意義，孩子便因此變得越來越不幸。

只要跟別人比較，所有人就會變得不幸，縱使感受到了短暫的幸福，卻仍能隨時找出感到不幸的理由。

比較，是不幸的種子，被比較的人生，令人疲憊不堪。當然，透過比較，有時會帶給自己動力，但比較的對象必須是過去的自己或未來的自己。

幾年前受到中東呼吸症候群冠狀病毒（MERS）影響，首爾、京畿等地區的幼兒園、國小、國中曾停課一、兩週，正如同最近受新冠肺炎影響，而一再上演的現象。

為了預防感染，學生不僅不用去上課，連私人教育機構也不得不歇業，可說是一段非常時期。這段期間，儘管學校決定暫時停課，媽媽依然會將孩子送至補習班，只有補習班休息時，家人才會選擇休假。

然而，在因MERS而停課的期間，發生了史無前例的事。不只我們家的小孩，連鄰居家的小孩都不用去補習了。

媽媽們表示：「礙於我的貪念，平常太執著於將孩子送去補習班了，偶爾也要讓孩子度過無所事事、跟媽媽膩在一起的時光。」

她們也說：「平時只要週末一到，就覺得必須安排一些對孩子有益的活動，這樣的義務，一直長期壓抑著自己，現在總算想通了。」

家有兩位國小生的媽媽說：「週末也要忙著催促孩子寫補習班的功課，不然就要帶去博物館，或其他有舉辦體驗活動的場所放風一下。但因受到MERS影響，有機會天天跟孩子們相處，現在我覺得，日後一定要偶爾讓自己休息一下。」

早在很久以前，學校就恢復上課了，校車也再次繞行於馬路上。不過，或許MERS這個不速之客，也向家庭傳遞了「偶爾應讓自己喘口氣」的訊息。

其實，人的體力就像是電池，但是和手機相反，必須拔掉充電線才能真的充電。而且不論是父母還是孩子，同樣都需要充電。

仔細想想，無聊這件事也需要練習與體驗。我們這一輩在成長過程中，已經充分體會到何謂無聊，國小時走三十分鐘的路程去學校、將住家前的石頭一路踢到學校、去山裡繞繞再渡過小溪，這些活動看似不輕鬆，卻充滿樂趣。

然而，最近的孩子十分缺乏「無聊的時間」。他們去好幾間補習班，即使有剩餘的時間，也不願意和電視、網路和智慧型手機分開。生於現代的大人和小孩，無不處在無聊的危機之中。據說，一旦我們適應了科技的短暫刺激，大腦將無法均衡發展，而且過多刺激會使大腦疲憊不堪，進而造成感受力與專注度變差，並且影響記憶力。

以教育為目的所研發的幼兒專用電視節目和 YouTube 影片，反而會阻礙兒童的語言發展。世界越是如此，父母越要繃緊神經，避免孩子和父母步上不幸之路。

我突然想起以前在電視上看到的公益廣告，其文案相當耐人尋味：「父母會叫孩子眼光放遠一點，家長命令孩子往前看就對了；父母會和孩子一起向前邁進，家長卻要孩子走在最前面；父母鼓勵孩子勇敢作夢，家長則不給孩子作夢的時間。您是父母還是家長呢？」

我們總會讚美別人家的孩子，「比較」已成為日常生活的一部分，因此，我們必須隨時檢視自己過的是家長還是父母的人生。基於這一點，我們可以回顧讓韓國人悲喜交加的學校評分標準——秀、優、美、良、可的涵義。秀和優代表優秀，美表示美麗、良意指良好，可則代表可能。

其實，這五個字全部都蘊含著美好的故事。有句話說：「孩子們與生俱來的潛力多寡是一樣的。」假如我家孩子不會讀書，那麼，他肯定擁有其它能力，因此，請不要跟別的孩子比較，讓子女步上不幸的未來。

父母必須不斷尋找孩子的可能性。當我們找到越多孩子喜愛、擅長、對社會或他人有益的事情時，就能打造出比現在更加美好的世界。

有句話是這麼說的：「家庭是孩子的第一所學校。」近來新冠肺炎造成的疫情，讓我們再次領悟到家人的重要性。那麼，身為父母的我們，何不透過「塑造孩子」這項共同計畫，用真摯的情感和實際的行動，來擁抱我們的孩子呢？

何謂成功？

經常開懷大笑、得到智者的尊敬、獲得孩子的喜愛、
從正直的評論家那裡得到讚賞、容忍摯友的背叛、
懂得分辨美麗之物、從他人身上發現良善。
無論是生下健康的孩子、修整一塊庭院，還是改善社會現況，
只要你讓這個世界，變得比你誕生之前更適合居住，

因為你曾經存在於此地，
所以有一個人的生命變得更幸福，
那就是真正的成功。

——美國思想家拉爾夫・沃爾多・愛默生（Ralph Waldo Emerson）

對於活在現今社會的我們，究竟什麼才是所謂的成功呢？這個問題沒有正確解答，因為每個人的經歷和環境都不同。

只要我存在於這個世界上，有一個人因為我而變得更加幸福，這就是真正的成功吧？只要秉持著這樣的心態看待我們的孩子，孩子肯定會在不知不覺中，成為能感動這個世界的人。

本書參考資料
詳見 QR Code

國家圖書館出版品預行編目（CIP）資料

讀公立或私立，父母搖擺不定：從小學到大學，猶太父母這樣選擇教育，子女一生富足 / 金泰允著；林育帆譯. -- 初版. -- 臺北市：任性出版有限公司，2021.10
304 面；14.8×21 公分. --（issue；032）
譯自：유대인 교육의 오래된 비밀
ISBN 978-986-06620-2-3（平裝）

1. 家庭教育 2. 親職教育 3. 猶太民族

528.2 110011904

issue 032

讀公立或私立，父母搖擺不定

從小學到大學，猶太父母這樣選擇教育，子女一生富足

作　　者／金泰允
譯　　者／林育帆
責任編輯／李芊芊
校對編輯／江育瑄
美術編輯／林彥君
副總編輯／顏惠君
總 編 輯／吳依瑋
發 行 人／徐仲秋
會　　計／許鳳雪
版權經理／郝麗珍
行銷企劃／徐千晴
業務助理／李秀蕙
業務專員／馬絮盈、留婉茹
業務經理／林裕安
總 經 理／陳絜吾

出 版 者／任性出版有限公司
營運統籌／大是文化有限公司
臺北市 100 衡陽路 7 號 8 樓
編輯部電話：（02）23757911
購書相關資訊請洽：（02）23757911 分機 122
24 小時讀者服務傳真：（02）23756999
讀者服務E-mail：haom@ms28.hinet.net
郵政劃撥帳號／19983366　戶名／大是文化有限公司

法律顧問／永然聯合法律事務所
香港發行／豐達出版發行有限公司 Rich Publishing & Distribut Ltd
地址：香港柴灣永泰道 70 號柴灣工業城第 2 期 1805 室
Unit 1805, Ph. 2, Chai Wan Ind City, 70 Wing Tai Rd, Chai Wan, Hong Kong
電話：21726513　傳真：21724355
E-mail：cary@subseasy.com.hk

封面設計／林雯瑛
內頁排版／顏麟驊
印　　刷／鴻霖印刷傳媒股份有限公司

出版日期／2021 年 10 月初版
定　　價／新臺幣 360 元（缺頁或裝訂錯誤的書，請寄回更換）
I S B N／978-986-06620-2-3
電子書ISBN／9789860662030（PDF）
9789860662047（EPUB）

Printed in Taiwan